AF296997

GOG-MAGOG

OU

LE BON CONSEILLER EN AFFAIRES,

PAR

M. E. DE MARINCOURT,

AVOCAT A LA COUR ROYALE DE PARIS.

PRIX : 2 FRANCS.

Paris.

CHEZ BAUDOUIN, RUE DAUPHINE, 24,

MAISON DU DENTISTE.

1845

IMPRIMERIE D'ÉDOUARD PROUX ET Ce,
RUE NEUVE-DES-BONS-ENFANS, 3.

TABLE DES MATIÈRES.

AVANT-PROPOS.

—

En France, tout individu est censé connaître les lois, et pourtant, sur cent personnes, il y en a quátre-vingt-quinze, au moins, qui restent tout-à-fait étrangères à l'étude des lois; si étrangères même, que dans les circonstances les plus difficiles de la vie, comme dans les plus simples, elles sont incapables de se diriger légalement. Les principales causes de cette négligence sont les collections trop volumineuses de notre législation, qui découragent et désespèrent la plupart de ceux qui ont tenté de les étudier.

Dans ce petit recueil, nous ne donnons que les lois que tout homme, arrivé à l'âge de maturité, doit savoir, pour ainsi dire, par cœur; elles concernent la naissance, le mariage, la filiation, les testamens, les successions, les décès, les partages, les tutelles, les ventes, les transports, la propriété, les loyers, les priviléges, les hypothèques, les prescriptions, les lettres de change, les billets à ordre, la contrainte par corps, les faillites, etc., lois qu'aucun homme ne saurait ignorer sans être exposé à se nuire.

—

LÉGISLATION USUELLE.

CHAPITRE Ier.

Actes de Naissance.

Les déclarations de naissance doivent être faites, dans les trois jours de l'accouchement, à l'officier de l'état civil du lieu par le père, ou, à défaut du père, par le médecin ou la sage-femme qui auront assisté à l'accouchement ; et lorsque la mère sera accouchée hors du domicile, la déclaration sera faite par la personne chez qui la femme sera accouchée.

L'acte doit être redigé de suite en présence de deux témoins indiquant le jour, l'heure et le lieu de la naissance, le sexe de l'enfant et les prénoms qui lui sont donnés, les prénoms et noms, profession et domicile des père et mère, ainsi que des témoins.

Filiation.

L'enfant conçu pendant le mariage a pour père le mari. Le mari ne peut alléguer son impuissance naturelle pour désavouer un enfant né de son mariage : il faut l'effet d'un accident prouvé, l'impossibilité physique de cohabiter avec sa femme, un éloignement parfaitement constaté pendant cent quatre-vingts jours. L'enfant né avant les cent quatre-vingts jours après le mariage, ne pourra être désavoué par le mari, si celui-ci a eu connaissance de la grossesse de sa femme avant le mariage, s'il a assisté à l'acte de naissance, si cet acte est signé de lui, et si l'enfant n'est pas né viable. La légitimité d'un enfant né trois cents jours après la dissolution du mariage pourra être contestée. Dans ces cas le mari est autorisé à réclamer, dans l'intervalle d'un mois s'il se trouve sur les lieux, dans l'intervalle de deux mois s'il était absent, dans les deux mois après la découverte de la fraude si on lui avait caché la naissance de l'enfant. Tout acte de désaveu sera comme non avenu s'il n'est suivi d'une action en justice.

CHAPITRE II.

Du Mariage.

L'homme, avant dix-huit ans révolus, et la femme avant quinze, ne peuvent contracter mariage. Il n'y a pas de mariage lorsqu'il n'y a pas consentement. Le fils qui n'a pas atteint l'âge de vingt-cinq ans accomplis, et la fille l'âge de vingt-et-un, ne peuvent contracter mariage sans le consentement de leur père et mère. En cas de dissentiment le consentement du père suffit. Si l'un deux est mort le consentement de l'autre suffit; si les père et mère sont morts, les aïeuls les remplacent. S'il y a dissentiment entre l'aïeul et l'aïeule de la même ligne, il suffit du consentement de l'aïeul; s'il y a dissentiment dans les deux lignes, ce partage emporte consentement. Les enfans de famille ayant atteint la majorité fixée, doivent demander par un actè respectueux et formel le conseil de leur père et mère. Jusqu'à l'âge de trente ans accomplis pour les fils, et de vingt-cinq ans pour les filles, l'acte respectueux sera renouvelé deux fois, de mois en mois, et un mois après les enfans peuvent passer outre ; après l'âge de trente ans, il pourra être passé outre un mois après un seul acte respectueux. Ces actes sont notifiés par deux notaires, ou par un notaire et deux témoins.

L'officier de l'état civil se fera remettre l'acte de naissance de chacun des futurs époux.

Celui des deux époux qui serait dans l'impossibilité de se procurer son acte de naissance, doit faire ses diligences pour obtenir du juge de paix du lieu de sa naissance un acte de notoriété, signé par sept témoins, parens ou non parens, et le faire homologuer par le tribunal de première instance du lieu où doit se célébrer le mariage.

Avant la célébration du mariage, l'officier de l'état civil doit faire deux publications, à huit jours d'intervalle, et le jour de dimanche devant la porte de la maison commune. Le mariage ne pourra être célébré avant le troisième jour, depuis et non compris celui de la seconde publication.

Si le mariage n'a pas été célébré dans l'année, à compter de l'expiration du délai des publications, il ne pourra plus être célébré qu'après de nouvelles publications. En cas d'opposition, l'officier de l'état civil ne pourra célébrer le mariage qu'après qu'on lui aura remis main levée, sous peine de 300 fr. d'amende et de tous dommages intérêts.

En ligne directe, le mariage est prohibé entre tous les ascendans et descendans légitimes ou naturels, et les alliés dans la même ligne. En ligne collatérale, entre le frère et la sœur et les alliés au même degré. Le mariage est encore prohibé entre l'oncle et la nièce, la tante et le neveu, à moins que le gouvernement, pour des causes graves, lève cette prohibition.

Les époux, par le fait seul du mariage, contractent l'obligation de nourrir, entretenir et élever leurs enfans.

L'enfant doit honneur et respect à ses père et mère, et reste sous leur autorité jusqu'à l'âge de majorité.

L'enfant n'a pas d'action contre ses parens, pour un établissement, par un mariage ou autrement.

Les enfans doivent des alimens à leurs père et mère et autres ascendans dans le besoin; les gendres et belles-filles doivent également des alimens à leur beau-père et belle-mère; mais cette obligation cesse lorsque le beau-père ou la belle-mère ont convolé en secondes noces, et lorsque celui des époux qui produisait l'affinité et les enfans issus de son union sont décédés.

Les obligations résultant de ces dispositions sont réciproques.

CHAPITRE III.

Des Contrats de Mariage.

Les contrats de mariage ne peuvent être rédigés que pardevant notaire.

Les futurs époux peuvent déclarer vouloir être mariés sous le régime de la communauté, sous le régime dotal ou en séparation de biens.

A défaut de contrat, les époux se trouvent sous les lois établies pour régir la communauté. La communauté établie par contrat ou à défaut de contrat, est soumise aux règles suivantes :

Les immeubles que les époux possèdent au jour du mariage, qui leur échoient à titre de succession, ainsi que les donations d'immeubles faites à l'un deux, n'entrent pas dans la communauté.

Tout ce qui est mobilier, c'est à dire meubles meublans, argent, effets de commerce, revenus, coupes de bois, produits de carrières, fruits, rentes, arrérages de rentes et tous les immeubles acquis pendant le mariage, composent l'actif de la communauté.

Le mari administre seul les biens de la communauté; il peut les vendre, les aliéner, les hypothéquer sans le concours de sa femme; mais il ne peut en disposer entre vifs que par testament et pour l'établissement des enfans communs. Il ne peut disposer que de la moitié quant aux immeubles acquis pendant le mariage avec les deniers provenant de la communauté.

Les actes faits par la femme sans le consentement du mari ne peuvent engager les biens de la communauté, si ce n'est lorsqu'elle contracte comme marchande publique et pour le fait de son commerce, parce qu'en ceci elle est censée faire son commerce avec l'autorisation réelle du mari. Les amendes encourues par la femme ne peuvent s'exécuter que sur la nue-propriété de ses biens personnels : les revenus restent toujours sous la possession du mari.

Le mari ne peut pas aliéner les immeubles personnels de la femme sans son consentement. La femme qui s'oblige solidairement avec le mari, n'est obligée que comme caution, et elle doit être indemnisée sur les biens du mari.

Les biens de la communauté doivent fournir les alimens des époux, l'entretien et l'éducation des enfans ;
ils doivent servir à payer les dettes contractées par le
mari pendant le mariage, et même celles des deux époux
qui existaient lors de la célébration ; mais les créanciers de la femme seule n'ont aucun droit sur la communauté.

Lors du contrat, les futurs époux peuvent stipuler
que la communauté n'embrasse que les acquets qui
peuvent se faire pendant le mariage ; que les dettes
respectives existant avant le mariage seront payées sé-
parément ; qu'ils seront séparés de biens, mais que le
mari en aura la jouissance pendant toute la durée du
mariage. Dans le cas où la femme conserverait la jouissance libre de ses revenus, elle devra contribuer aux
charges du ménage jusqu'à concurrence d'un tiers de
son revenu. Dans aucun cas la femme ne peut aliéner
ses biens immeubles sans le consentement de son mari.

A l'époque où nous vivons, qui est un véritable temps
de bascule, les jeunes gens prudens ne devraient pas
hésiter à se marier en séparation de biens.

Les époux peuvent aussi se marier sous le régime
dotal. Alors les immeubles constitués en dot ne peuvent être aliénés ni par le mari, ni par la femme con-
jointement avec le mari : ainsi l'apport de la femme est
parfaitement consolidé ; mais dans ce cas les époux se
trouvent dans une position où ils ont les bras liés. Sans
compter que sous le régime purement dotal, le mari
peut profiter des soins de sa femme, devenir million-
naire, et, après son décès, la femme n'a aucun droit
au million acquis pendant son mariage.

CHAPITRE IV.

Décès.

Aucune inhumation ne sera faite sans une autorisation sur papier libre et sans frais de l'officier de l'état civil, qui ne pourra la délivrer qu'après s'être transporté auprès de la personne décédée, pour s'assurer du décès, et que vingt-quatre heures après le décès, hors les cas prévus par les règlemens de police.

L'acte de décès sera dressé par l'officier de l'état civil sur la déclaration de deux témoins.

Ces témoins seront, s'il est possible, les deux plus proches parens ou voisins, ou, si le décès a lieu hors du domicile, elle sera faite par la personne chez laquelle le décès aura eu lieu et un autre témoin.

Lorsqu'il y aura des signes ou indices de mort violente, on ne pourra faire l'inhumation qu'après qu'un officier de police, accompagné d'un médecin, aura dressé procès-verbal.

Tarif des Frais d'expédition de l'Etat civil.

Expédition des actes de naissance, de décès, de publication de mariage, 30 c. pour salaire et 83 c. de timbre, ou 1 fr. 13 c. en tout.

Dans les villes de 50 mille âmes, 50 c. de salaire, ou 1 fr. 33 c. avec timbre.

A Paris, pour salaire, 75 c., ou 1 fr. 58 c., avec les 83 c. de timbre.

Pour expédition d'actes de mariage et d'adoption, 60 c. avec timbre de 83 c., ou 1 fr. 43 c. en tout.

Dans les villes de 50 mille âmes, pour salaire , 1 fr., avec timbre, 1 fr. 83 c.

A Paris, pour salaire, 1 fr. 50 c., avec le timbre, 2 fr. 33 c.

Il est défendu aux maires de prendre d'autres droits ou taxes , sous peine de concussion.

CHAPITRE V.

Donations. — Testamens.

On ne peut disposer de ses biens à titre gratuit que par donation entre vif, ou par testament.

La donation entre vifs est un acte par lequel le donnateur se dépouille actuellement et irrévocablement de la chose donnée, en faveur du donataire qui l'accepte.

Le testament est un acte par lequel le testateur dispose, pour le temps où il n'existera plus, de tout ou partie de ses biens.

Le testament peut-être révoqué.

Les substitutions sont défendues.

Pour faire une donation entre vifs ou un testament, il faut être sain d'esprit.

Le mineur, parvenu même à l'âge de seize ans, ne pourra disposer que par testament , et jusqu'à concurrence seulement des biens dont la loi permet au majeur de disposer.

La femme mariée ne peut donner entre vifs , sans l'assistance ou le consentement de son mari, ou sans y être autorisée par justice ; mais elle n'a pas besoin du consentement du mari pour disposer par testament.

Pour être capable de recevoir entre vifs , il suffit

d'être conçu au moment de la donation, et par testament au moment du décès du testateur, néanmoins la donation, ou le testament, n'aura d'effet qu'autant que l'enfant sera né viable.

Le mineur, parvenu à l'âge de seize ans, ne pourra disposer au profit de son tuteur.

Devenu majeur, il ne pourra disposer en faveur de son tuteur, si le compte de tutelle n'a été préalablement rendu, à moins que son tuteur ne soit un ascendant.

Les médecins et pharmaciens qui auront traité une personne pour une maladie dont elle meurt, ne pourront accepter les faveurs testamentaires de cette personne, à moins que ce soit à titre de parenté jusqu'au quatrième degré; ces mêmes dispositions concernent les ministres des cultes.

Les dispositions au profit des hospices, des pauvres d'une commune et des établissemens d'utilité publique, n'auront leur effet qu'autant qu'elles auront été autorisées par un arrêté du gouvernement.

Le testament olographe n'est point valable, s'il n'est écrit en entier, daté et signé de la main du testateur.

Les donations entre vifs doivent être rédigées par acte public : il faut que toute donation soit acceptée pour être valable.

Les libéralités par donation ou testament ne pourront excéder la moitié des biens du disposant, s'il ne laisse à son décès qu'un enfant légitime; le tiers s'il laisse deux enfans, le quart s'il en laisse trois ou un plus grand nombre.

Sont compris sous le nom d'enfans, les descendans,

à quelque degré que ce soit ; mais ils ne comptent que pour l'enfant qu'ils représentent.

Les libéralités ne peuvent excéder la moitié des biens, si, à défaut d'enfant, le défunt laisse des ascendans dans la ligne paternelle ou maternelle, et les trois quarts, s'il ne laisse d'ascendans que dans une ligne.

A défaut d'ascendans et de descendans, les libéralités par actes entre vifs ou testamentaires pourront épuiser la totalité.

CHAPITRE VI.

De la Tutelle.

Le mineur est l'individu de l'un et de l'autre sexe qui n'a pas encore l'âge de vingt-un ans accomplis.

Il reste sous l'autorité du père ou de la mère jusqu'à sa majorité ou à son émancipation. Le père est, durant le mariage, administrateur des biens de ses enfans mineurs. Le mineur, resté sans père ni mère, devra aussitôt être pourvu d'un tuteur.

Le tuteur doit prendre soin du mieur et le représenter dans tous les actes civils. Lors de l'entrée en exercice de la tutelle, le conseil de famille doit régler par aperçu, et selon l'importance des biens, la somme à laquelle pourra s'élever la dépense annuelle du mineur, pour nourriture et entretien, ainsi que celle d'administration de ses biens.

Le tuteur, même le père et la mère, ne peut emprunter pour le mineur, ni aliéner ou hypothéquer ses biens immeubles, sans y être autorisé par le conseil de famille ; cette autorisation ne doit être accordée que pour cause de nécessité absolue et d'un avantage évident.

Le tuteur ne peut acheter les biens du mineur; il ne peut accepter la cession d'aucun droit ou créance contre son pupille.

Le tuteur ne peut transiger pour le mineur que tout autant qu'il y est autorisé par le conseil de famille, et la transaction ne sera encore valable qu'autant qu'elle aura été homologuée par le tribunal de première instance.

CHAPITRE VII.

Des Successions.

Une succession est ouverte lorsque les biens qui la composent restent sans maître par la mort du possesseur; alors ces biens doivent passer aux héritiers désignés par la loi.

Les enfans ou leurs descendans succèdent à leurs père et mère, aïeuls et aïeules. Ils succèdent par égale portion et par tête après le décès du père et de la mère.

Si le défunt ne laisse ni postérité, ni frère, ni sœur, ni descendans d'eux, la succession se divise par moitié entre les ascendans paternels et maternels.

Les frères et sœurs ne sont appelés qu'à la moitié de la succession, si le père et la mère d'une personne morte survivaient; si le père seul ou la mère seule a survécu, les frères sont appelés à recueillir les trois quarts de la succession; si le père et la mère sont tous deux décédés, les frères et sœurs héritent de tout.

Les frères consanguins héritent seuls de leur mère respective; les frères utérins héritent seuls de leur père respectif.

A défaut de frères, ou sœurs, ou descendans d'eux et d'ascendans, soit du côté du père, soit du côté de la mère, les parens collatéraux les plus proches partagent par tête.

Les parens, après le douzième degré, ne succèdent pas.

Les enfans naturels n'ont de droit, sur les biens de leurs père et mère, que lorsqu'ils ont été reconnus; ils n'ont aucun droit sur les biens *des parens* de leurs père et mère, s'ils n'ont pas été reconnus.

Si le père ou la mère des enfans naturels a laissé des enfans légitimes, le droit de l'enfant naturel reconnu n'est que d'un tiers de ce qu'il aurait eu s'il avait été légitimé; il est de moitié, lorsque le père et la mère ne laissent ni ascendans ni descendans; des trois quarts quand il n'y a ni ascendans ni descendans, ni frères, ni sœurs, ni descendans d'eux; ils prennent la totalité lorsqu'il n'y a pas de parens au dessous du douzième degré.

CHAPITRE VIII.

Des Partages.

D'après l'article 815, nul ne peut être contraint à rester dans l'indivision, et le partage peut être toujours provoqué : les mineurs et les interdits doivent y être représentés par leurs tuteurs spécialement autorisés par le conseil de famille.

Si tous les héritiers sont présens et majeurs, le partage peut être fait d'un commun accord par tel acte que les parties jugeront convenable, et c'est bien plus économique ; mais s'il y a des absens ou des mineurs, les scellés doivent être apposés, dans le plus bref délai, à la diligence du procureur du roi ou d'office par le juge de paix du lieu (1) : dans ce cas, l'action en partage doit être soumise au tribunal, et le partage doit être fait d'après les règles prescrites par la loi.

Chacun des cohéritiers peut demander sa part en nature ; mais si la majorité des copartageans juge la vente nécessaire pour l'acquit des dettes, si des immeubles ne peuvent être partagés commodément, il peut être procédé à la licitation pardevant notaire si les parties sont majeures ; s'il y a des mineurs ou des absens, la vente par licitation sera faite par le tribunal.

Les lots doivent être faits par un des cohéritiers ou par un expert : dans la formation des lots on doit éviter le morcellement des héritages ; l'inégalité des lots se compense en argent ou par une rente ; ils sont ensuite tirés au sort après que chaque copartageant a été admis à faire ses réclamations.

Les partages ainsi faits sont définitifs ; ils ne seraient que provisionnels si les règles ci-dessus n'avaient été observées.

D'après l'article 841, toute personne à laquelle un cohéritier aurait cédé ses droits, peut être écartée du partage en lui remboursant le prix de la cession.

---

(1) Les frais de scellés sont considérables et réduisent considérablement les petits héritages. Les juges ne devraient pas instrumenter quand ils voient que cet acte va détruire le dernier morceau de pain de pauvres orphelins.

CHAPITRE IX.

De la Propriété.

La propriété est le droit de jouir et de disposer des choses de la manière la plus absolue, en se conformant aux lois et règlemens. Nul ne peut être contraint de céder sa propriété, *à moins que ce soit pour cause d'utilité publique*. Le propriétaire peut faire dans son fonds, au dessus toutes les plantations et constructions, et au dessous toutes les fouilles qu'il jugera à son avantage, en se conformant aux lois.

L'alluvion des rivières profite au propriétaire du terrain riverain ; il en est de même des relais que forme l'eau courante, et le riverain du côté opposé ne peut venir réclamer le terrain qu'il a perdu, à moins que la rivière ne sépare ou transporte une partie de terre considérable et reconnaissable. Dans ce cas, celui qui a souffert le dommage est tenu de former sa demande dans l'année.

Les fonds inférieurs sont assujettis envers ceux qui sont plus élevés, à en recevoir les eaux et même les éboulemens qui peuvent en découler naturellement, et pourvu que la main de l'homme n'y soit pour rien ; car le propriétaire supérieur n'a pas le droit de faire des choses qui tendraient à aggraver les servitudes des fonds inférieurs.

Celui qui a une source dans son fonds peut en user à sa volonté, sauf le droit que le propriétaire du fonds inférieur pourrait avoir acquis ou par titre ou par pres--cription. Le propriétaire peut creuser un puits dans son héritage, en puiser l'eau qui lui est nécessaire sans s'inquiéter s'il tarit le puits de son voisin; il peut se servir pour l'irrigation de ses propriétés du cours d'eau qui les borde ou les traverse, pourvu qu'il rende ces eaux à leur cours naturel. Le propriétaire d'une source qui fournit l'eau nécessaire aux habitans d'une localité, ne peut en détourner le cours. Du reste, quand il s'élève des contestations relativement aux sources et aux cours d'eau, les tribunaux tâchent toujours de concilier l'intérêt général et l'intérêt de l'agriculture avec le respect dû à la propriété.

Tout propriétaire peut obliger son voisin au bornage, et tout propriétaire peut clore sa propriété. Celui qui veut se clore perd son droit au parcours de vaine pâture.

Le propriétaire qui n'a aucune issue sur la voie publique, peut réclamer un passage sur le fonds de son voisin, du côté le plus court et le moins dommageable, pour arriver à la voie publique, moyennant indemnité.

Tous fossés entre deux héritages sont mitoyens, s'il n'y a titre ou marque du contraire. Il y a marque de non mitoyenneté quand le rejet des terres se trouve d'un seul côté.

Toute haie qui sépare deux héritages est présumée mitoyenne, à moins qu'il n'y ait qu'un seul des héritages en état de clôture.

Le mur qui sert à clore un héritage n'est pas mitoyen lorsqu'il présente un plan incliné d'un côté et droit de l'autre. Ce mur est censé appartenir à celui du côté duquel est l'égout.

Il n'est permis de planter des arbres de haute tige qu'à la distance de 19 décimètres de la ligne de séparation, et des haies vives ou des arbres à petite tige qu'à un demi-mètre de distance. Quand il y a des usages de localité différens et reconnus, on doit s'y conformer pour la distance à observer.

Le voisin peut exiger que les arbres et les haies plantés à une moindre distance, soient arrachés. Celui sur la propriété duquel avancent les branches des arbres d'un voisin, peut le contraindre à couper ces branches.

Tout mur servant de séparation entre bâtimens est présumé mitoyen s'il n'y a titre contraire ; les réparations et la reconstruction de ce mur sont à la charge de tous ceux qui y ont droit. Tout propriétaire joignant un mur a la faculté de le rendre mitoyen, en en remboursant la moitié de la valeur (1), et de lui faire boucher les ouvertures faites à ce mur, s'il en existe. Tout copropriétaire peut faire exhausser le mur mitoyen à ses frais, et la partie exhaussée reste sa propriété ; mais quand ce mur n'est pas en état de supporter l'exhaussement, celui-ci est tenu de le faire réparer en entier à ses frais, et l'autre propriétaire ne peut exiger aucune indemnité pour embarras ou gêne causés par les travaux d'exhaussement.

L'un des voisins ne peut pratiquer dans le corps du

______

(1) Mais, d'après Desgodets et Toullier, on ne peut pas forcer son voisin qui veut bâtir d'acquérir la mitoyenneté. Goupy et Pardessus pensent le contraire.

mur mitoyen aucun enfoncement ni y appuyer aucun ouvrage sans le consentement de l'autre, ou sans avoir, à son refus, fait régler par experts les moyens nécessaires pour que le nouvel ouvrage ne soit pas nuisible au droit de l'autre. *Dans ce cas, c'est aux maçons de refuser de rien percer ou démolir avant d'avoir fait faire signification au voisin qui a intérêt au mur, s'ils ne veulent s'exposer à être compromis dans une action en dommages et intérêts très compliquée.*

Dans les villes et faubourgs, chacun peut contraindre son voisin à contribuer à la construction et réparation des murs de leurs cours et jardins; dans les campagnes, on n'a aucune espèce d'action contre son voisin pour l'obliger à se clore.

Dans les villes, le gros mur d'une maison joignant une cour ou un jardin, est présumé mitoyen jusqu'à la hauteur d'un mur de clôture; hors des villes, un tel mur est réputé appartenir en entier à celui à qui appartient la maison ou bâtiment. Dans les villes de 50 mille âmes, les murs de clôture doivent avoir au moins trente-deux décimètres de hauteur, et dans celles d'une population inférieure, vingt-six décimètres.

On ne peut avoir ni fenêtres, ni vues droites, ni balcons sur l'héritage clos, ou non clos, de son voisin, s'il n'y a 19 décimètres de distance entre le mur où on les pratique et ledit héritage. Cette défense cesserait s'il existait un chemin ou une ruelle moins large. On ne peut pas non plus avoir des vues par côté ou obliques sur l'héritage ou la propriété de son voisin, s'il n'y a six décimètres de distance (1).

(1) A moins qu'il y ait prescription contraire. (Cass, 9 août 1813.)

Le propriétaire d'un mur joignant immédiatement l'héritage d'autrui, peut pratiquer des fenêtres dans ce mur pourvu qu'il les garnisse d'un treillage en fer à mailles d'un décimètre d'ouverture au plus, et d'un châssis à verre dormant; mais ces fenêtres ne peuvent être pratiquées qu'à 26 décimètres du plancher du rez-de-chaussée et à 19 décimètres du plancher des autres étages. Ceci ne s'applique pas quand il y a prescription contraire.

Tout propriétaire doit établir ses toits de manière que les eaux pluviales s'écoulent sur son terrain. Il ne peut les faire verser sur le fonds de son voisin.

Celui qui veut faire creuser un puits, une fosse d'aisance près d'un mur mitoyen; qui veut y construire une cheminée, un four, une forge; qui veut y adosser une écurie, un amas de matières corrosives, est obligé à laisser la distance ou à faire les ouvrages prescrits par le règlement pour ne pas nuire au voisin.

CHAPITRE X.

Des Priviléges.

Le privilége est un droit qui, d'après la qualité de la créance, fait qu'on est préféré aux autres créanciers, même hypothécaires.

Les priviléges peuvent être sur les meubles et sur les immeubles.

Les créances privilégiées sur les meubles s'exercent dans l'ordre suivant :

1° Les frais de justice ;

2° Les frais de la dernière maladie et les frais funéraires ;

3° Les salaires des domestiques, de l'année échue et de l'année courante ;

4° Les fournitures faites par les boulangers, bouchers et autres qui ont vendu des denrées pour la subsistance du débiteur depuis six mois ;

5° Les marchands en gros peuvent réclamer leurs fournitures faites depuis un an.

Les sommes dues pour fournitures d'ustensiles de métiers sont payées au fournisseur lors de leur vente, de préférence au propriétaire pour loyers.

6° Les propriétaires ont privilége sur les meubles des locataires garnissant sa maison ; mais le prix des effets mobiliers non payés donnent privilége au vendeur, s'il est prouvé que le propriétaire avait connaissance que les meubles n'étaient pas payés ;

7° Les sommes dues pour prix de semences, pour frais de récolte, pour fournitures d'ustensiles de labour, sont payées de préférence aux sommes dues pour fermage.

Le propriétaire a privilége sur la récolte de l'année, sur les meubles, et sur tout ce qui sert à l'exploitation de la ferme.

Le vendeur d'effets mobiliers peut les revendiquer dans la huitaine, tant qu'ils sont en la possession de l'acheteur, s'il a eu soin de prévenir le propriétaire du crédit qu'il a fait au locataire.

C'est une grande erreur que de penser qu'on peut s'approprier, au bout d'un an et un jour, l'objet qui nous reste en gage pour une somme qui nous est due.

Les ouvriers qui ont réparé un objet mobilier qui est resté entre leurs mains, ont sûrement privilége sur ledit objet pour le paiement de ce qui leur est dû ; mais l'ouvrier ne peut en disposer qu'après s'être fait ordonner en justice que cet objet lui demeurera en paiement jusqu'à concurrence de ce qui lui est dû.

CHAPITRE XI.

Des Priviléges sur les Immeubles.

Ils s'exercent dans l'ordre suivant : 1° le vendeur sur l'immeuble vendu pour le paiement du prix. S'il y a plusieurs ventes successives dont le prix soit dû en tout ou en partie, le premier vendeur est préféré au second, ainsi de suite ; 2° ceux qui ont fourni les deniers pour l'acquisition d'un immeuble, pourvu qu'il soit authentiquement prouvé, par l'acte d'emprunt, que la somme était destinée à cet emploi, et par la quittance du vendeur, que le paiement a été fait avec les deniers empruntés ; 3° les architectes et entrepreneurs, ainsi que les ouvriers employés à édifier, construire ou réparer, etc., ont privilége sur les autres hypothèques ; mais les entrepreneurs, avant de commencer leurs travaux, devraient toujours s'assurer si le terrain sur lequel ils bâtissent est purgé de toutes hypothèques.

4°. Ceux qui ont prêté les deniers pour payer les entrepreneurs, pourvu que l'emploi soit authentiquement prouvé par acte d'emprunt et par quittance.

A l'égard des immeubles, les créanciers privilégiés

ne conservent leurs avantages que par l'inscription sur le registre du conservateur des hypothèques.

CHAPITRE XII.

Des Hypothèques.

L'hypothèque est un droit réel sur les immeubles affectés à l'acquittement de l'obligation. L'hypothèque suit les immeubles dans quelque main qu'ils passent.

Les hypothèques sont légales, judiciaires, ou conventionnelles. L'hypothèque légale est celle qui résulte de la loi, comme les droits des femmes mariées sur les biens de leur mari, comme les droits des mineurs sur les biens de leurs tuteurs, comme les droits de l'État sur les biens du receveur ou de l'administrateur.

L'hypothèque judiciaire est celle qui résulte des jugemens ou des actes judiciaires. Elle est très avantageuse, puisqu'elle peut s'exercer sur les immeubles actuels du débiteur, et sur ceux qui pourront lui écheoir où qu'il pourra acquérir.

L'hypothèque conventionnelle est celle qui dépend des conventions et de la forme extérieure des actes et contrats. Il n'y a d'hypothèque conventionnelle valable que celle qui, dans le titre constitutif de la créance, déclare spécialement la nature et la situation de chacun des immeubles actuellement appartenant au débiteur, et sur lesquels il consent hypothèque de la créance.

Les biens à venir ne peuvent être hypothéqués; néanmoins, si les biens présens du débiteur sont insuffisans pour la sûreté de la créance, il peut, en l'exprimant dans l'acte, consentir que chacun des biens qu'il acquerra par la suite, y demeure affecté à mesure des acquisitions.

Entre les créanciers, l'hypothèque n'a de rang que du jour de l'inscription prise par le créancier sur les registres du conservateur, dans la forme et de la manière prescrite par la loi, sauf les exceptions des mineurs, des interdits sur les biens des tuteurs, et les femmes sur les biens de leur mari.

Les inscriptions sont rayées du consentement des parties intéressées, ou en vertu d'un jugement en dernier ressort, ou passé en forme de chose jugée.

L'hypothèque judiciaire et conventionnelle périme au bout de dix ans. On doit alors la faire renouveler, si l'on veut conserver ses droits.

CHAPITRE XIII.

De la Vente.

Tout ce qui est dans le commerce peut être vendu, pourvu que des lois particulières n'en aient pas prohibé l'aliénation. La vente de la chose d'autrui est nulle ; elle peut donner lieu à des dommages et intérêts contre le vendeur. On ne peut vendre la succession d'une personne vivante, même de son consentement.

Les frais d'actes, et autres accessoires à la vente, sont à la charge de l'acheteur.

Le vendeur est tenu d'expliquer clairement ce à quoi il s'oblige : tout pacte obscur s'interprète contre le vendeur. L'obligation du vendeur est de délivrer et garantir la chose qu'il vend. Il est tenu à la garantie de fait, qui est celle qui s'étend sur les défectuosités qui peuvent se trouver dans les objets vendus, et ignorés de l'acheteur, et qui rendent cet objet impropre à sa destination. La garantie de droit est celle par laquelle le vendeur est responsable de l'éviction, des troubles ou des charges non déclarés lors de la vente.

L'acquéreur prudent doit garder devers lui le prix de tout immeuble qu'il achète, au moins quinze jours après la transcription, et notifier aux créanciers inscrits l'extrait de son acte d'achat, et celui de la transcription avec un tableau en trois colonnes, présentant : 1° la date des inscriptions ; 2° le nom des créanciers et le montant des créances inscrites ; notifier dans le même acte, qu'il est prêt à acquitter les dettes et charges hypothécaires, jusqu'à concurrence du prix de la vente. Sans ces précautions, l'acquéreur serait en danger de payer successivement toutes les hypothèques qui se présenteraient, à moins qu'il ne se démette de son acquisition.

Le vendeur et l'acheteur peuvent demander la rescision de la vente pour cause de lésion, toutes les fois qu'ils pourront établir, par trois experts nommés d'office, ou par le tribunal, que le montant de l'achat ou que la valeur de la chose vendue dépasse de sept douzièmes la valeur convenue ; ce qui arrive souvent dans les ventes à pacte de rachat. La demande en rescision n'est plus recevable après l'expiration de deux années. Ce délai court même contre les mineurs.

Les actes de ventes d'immeubles devraient tous être rédigés pardevant notaire, à moins qu'on ait l'habitude des précautions à prendre dans ces sortes d'opérations.

Les arrhes données après la conclusion d'un marché, sont une preuve de la convention. Si elles sont données en argent, elles doivent être regardées comme un àcompte sur le prix dû par l'acheteur. Alors, il n'est plus permis aux parties de rompre le contrat, soit en renonçant aux arrhes, soit en restituant le double.

Le TRANSPORT est un acte par lequel on vend ses droits successifs, une créance, ou toute autre action qu'on a sur un tiers.

Le cessionnaire doit faire signifier l'acte de transport, ou le faire accepter par acte authentique, avant de compter la somme convenue pour le prix de la cession.

Le transport comprend les accessoires de la créance, ainsi que les cautions et hypothèques.

CHAPITRE XIV.

Du Bail.

Si une des parties nie le bail fait sans écrit, la preuve ne peut être reçue par témoins; le serment ne peut pas seulement être déféré à celui qui nie.

Le preneur est tenu d'user de la chose louée en bon père de famille. Il est tenu de payer le prix du bail aux termes convenus, sous peine de résiliation.

Le bailleur peut le faire résilier, si le locataire emploie la chose louée à tout autre objet que celui auquel elle a été destinée, surtout s'il en résulte dommage pour la chose louée.

Le preneur a le droit de sous-louer, si cette faculté ne lui a pas été interdite *expressément*.

Le bailleur est tenu de livrer et entretenir la chose

louée en état de servir à l'usage pour lequel elle a été louée, et d'en faire jouir paisiblement. Il est dû indemnité au preneur, pour tous vices ou défauts de la chose louée, causant quelque perte, quand même le bailleur ne les aurait pas connus lors du bail.

Si les réparations locatives durent plus de quarante jours, le prix du bail sera diminué à proportion du temps: le locataire peut encore renoncer à la location.

Le preneur n'est tenu d'aucunes réparations réputées locatives, quand elles sont occasionnées par vétusté ou force majeure; mais il est tenu des dégradations qui arrivent par le fait des personnes de sa maison.

Quand le bail a été fait sans écrit, l'une des parties ne peut donner congé qu'en observant les délais fixés par les usages de la localité. S'il y a écrit, la jouissance du preneur cesse de plein droit à l'expiration du terme fixé, et il n'est pas nécessaire de donner congé.

Le locataire qui ne garnit pas sa maison de meubles suffisans, peut être expulsé, à moins qu'il ne donne des sûretés capables de répondre du loyer.

Si le bailleur vend la chose louée, l'acquéreur ne peut expulser le locataire qui a un bail authentique, c'est à dire ayant date certaine, à moins que cette clause n'ait été réservée.

L'acquéreur qui s'est réservé la faculté d'expulser en cas de vente, est tenu d'avertir son locataire d'avance, au temps usité dans la localité.

En cas de résiliation par le fait du locataire, celui-ci est tenu de payer le prix du bail pendant le temps nécessaire à la relocation.

Le bail d'un appartement meublé est censé fait à l'année quand il a été fait à tant par an, au mois, quand il a été fait à tant par mois, au jour, s'il a été fait à tant par jour.

CHAPITRE XV.

De la Prescription.

La prescription est un moyen d'acquérir ou de se libérer par un certain laps de temps. Pour pouvoir prescrire, il faut une possession continue, apparente et non interrompue ; ceux qui possèdent pour autrui ne prescrivent pas. Ainsi le fermier, l'usufruitier, le dépositaire ne peuvent prescrire la chose dont ils jouissent. La prescription peut être interrompue ou naturellement ou civilement ; il y a interruption naturelle, lorsque le possesseur est privé, pendant plus d'un an, de la jouissance de la chose ; la citation en justice, donnée même devant un juge incompétent, interrompt la prescription. La prescription ne court pas contre les mineurs ni contre la femme, pour les biens aliénés par le mari.

La prescription se compte par jours : elle est acquise lorsque le dernier jour du terme est arrivé.

Toutes les actions, tant réelles que personnelles, sont prescrites par trente ans, sans que celui qui allègue cette prescription soit obligé d'en rapporter un titre, et même sans qu'on puisse lui opposer l'exception déduite de la mauvaise foi.

Celui qui acquiert de bonne foi un immeuble, et par acte, en prescrit la propriété par dix ans de possession si l'ancien propriétaire habite dans le ressort de la Cour royale dans l'étendue de laquelle l'immeuble est situé, et par vingt ans s'il est domicilié hors dudit ressort; dans ces cas, le titre nul par défaut de forme ne peut servir de base.

Après dix ans, les architectes et les entrepreneurs sont aussi déchargés de la garantie des gros ouvrages qu'ils ont faits ou dirigés.

Les arrérages de rentes et des pensions alimentaires, les loyers des maisons, les lettres de change, les billets à ordre, et généralement tout ce qui se paie par année, se prescrit par cinq ans. Les juges et avoués sont déchargés des pièces cinq ans après le jugement du procès, et les huissiers après deux ans depuis l'exécution de leur dernière commission.

L'action des avoués, pour le paiement de leur salaire, se prescrit par deux ans à compter du jugement ou de la conciliation des parties ; à l'égard des affaires terminées, ils ne peuvent former de demande qui remonterait à plus de cinq ans. Se prescrivent aussi par deux ans : les droits d'enregistrement, soit pour fausse déclaration, soit pour évaluation insuffisante. Les parties sont également non recevables, après deux ans, pour toute demande en restitution des droits perçus en trop. Se prescrivent par un an : les actions des médecins, chirurgiens, apothicaires, pour leurs visites, opérations ou médicamens ; le salaire des huissiers, pour les actes qu'ils signifient; le prix des marchandises vendues par des marchands à des particuliers non marchands; ce qui est dû aux maîtres de pension par leurs élèves ; les salaires des domestiques qui se louent à l'année.

Se prescrivent par six mois : les leçons des instituteurs, les actions des traiteurs et hôteliers, pour logement ou nourriture qu'ils ont fourni ; les actions des ouvriers pour le paiement de leurs salaires, et même pour leurs fournitures, telles que chaussures, habillemens, etc.; des domestiques loués au mois, à moins qu'il y ait un compte arrêté. Mais on a encore la ressource de déférer le serment à celui qui oppose la prescription.

En fait de meubles, la possession vaut titre.

Celui qui a perdu une chose, peut la revendiquer pendant trois ans contre celui entre les mains duquel il la trouve ; il en est de même quand une chose a été volée ; et si le possesseur actuel de la chose volée ou perdue l'a achetée dans une foire ou dans une vente publique, ou d'un marchand vendant des choses pareilles, on ne peut se la faire rendre qu'en remboursant le prix qu'elle a coûté.

CHAPITRE XVI.

Obligation du Commerçant.

Tout commerçant doit être patenté, afin de pouvoir agir en justice pour les actes relatifs à sa profession.

Le commerçant est tenu d'avoir des livres qui permettent de voir constamment sa véritable position. Ces livres, régulièrement tenus, font foi en justice entre commerçans ; et, vis-à-vis des personnes non marchandes, ils sont un commencement de preuve écrite.

Billets à Ordre et Lettres de Change.

Le billet à ordre est un acte par lequel une personne s'oblige à payer une somme déterminée au créancier qu'elle désigne, ou à quiconque en sera devenu propriétaire par le moyen de l'endossement.

Il ne faut pas omettre dans le billet le mot *ordre*, parce qu'il ne serait qu'une simple obligation et ne pourrait pas être transporté par l'endossemeut.

Si le billet n'a pas été écrit par la personne dont il est signé, il faut que la somme soit approuvée en toutes lettres ; *item*, quand il est souscrit par deux obligés. Il ne faut pas exprimer la somme en chiffres, mais en toutes lettres, parce que d'un 0 on peut en faire un 9, et du 1 un 7, et de 100 on peut faire 1000 en ajoutant un 0.

L'endossement doit être daté, exprimer la valeur fournie et énoncer le nom de celui à l'ordre duquel il est passé, sinon il n'opère pas le transport, et, en cas de perte, celui qui le trouverait pourrait tenter d'en faire son profit.

La lettre de change est un acte par lequel le souscripteur mande à un négociant, résidant dans un autre lieu, de payer une certaine somme au profit de celui auquel la lettre est souscrite, ou au cessionnaire qui l'aura reçue par endossement.

A défaut de paiement d'une lettre de change ou d'un billet à ordre, le porteur est tenu de faire protester dans les vingt-quatre heures et intenter son action dans le délai de quinzaine, s'il veut conserver la garantie des endosseurs.

Prescription par cinq ans, à partir du jour du protêt, s'il n'y a pas eu condamnation ou reconnaissance de la dette par un acte.

CHAPITRE XVII.
Contrainte par Corps.

La contrainte par corps, en matière commerciale, ne peut être prononcée que pour le paiement d'une somme principale de 200 francs et au dessus; n'y sont point soumis les non commerçans, l'épouse, la veuve, les héritiers des commerçans.

En matière civile, elle peut être prononcée pour amendes, dommages et intérêts, et aussi contre les comptables et les fonctionnaires publics, pour la restitution des *titres et deniers par eux reçus* pour leurs cliens, etc.

Les non commerçans sont soumis à la contrainte par corps s'ils ont apposé leur signature sur des lettres de change, et aussi sur des billets à ordre exprimant un acte de commerce.

L'emprisonnement pour dettes commerciales cessera de plein droit, après un an, lorsque le montant de la condamnation principale ne s'élèvera pas à 500 fr.

Après deux ans, lorsqu'il ne s'élèvera pas à 1000 fr.

Après trois ans, lorsqu'il ne s'élèvera pas à 3000 fr.

Après quatre ans, lorsqu'il ne s'élèvera pas à 5000 fr.

Après cinq ans, lorsqu'il sera de 5000 francs et au dessus.

Telle est la loi du 17 avril 1832.

Le créancier est tenu de consigner d'avance, pour alimens, 30 francs pour Paris et 25 francs pour les départemens. L'élargissement a lieu par le paiement de la dette, par l'entrée du débiteur dans sa soixante-dixième année, et pour défaut de consignation d'alimens (1).

Le débiteur qui aura obtenu son élargissement de plein droit, ne pourra plus être arrêté pour dettes contractées et échues antérieurement à son arrestation, à moins que ces dettes, par leur nature et leur quotité, n'entraînent une contrainte plus longue que celle qui aura été subie ; dans ce cas, le temps d'incarcération déjà fait sera toujours compté pour la nouvelle. C'est donc une erreur de penser que l'on peut prolonger l'incarcération à l'infini par d'autres titres consentis et échus avant l'époque de la première incarcération. L'exercice de la contrainte par corps n'empêche ni ne suspend les poursuites et les exécutions sur les biens.

CHAPITRE XVIII.

Faillite, Banqueroute.

Tout commerçant qui cesse ses paiemens est en état de faillite ; et tout failli est tenu dans le délai de trois jours d'en faire la déclaration au tribunal de commerce. L'expiration de ce délai change la faillite en banqueroute, et prive de tous les avantages accordés à la qualité de simple faillli. A compter du jour de la faillite,

(1) D'après la loi du 17 avril 1832, tout débiteur peut être élargi en donnant le tiers de la somme qu'il doit, pourvu qu'il fournisse caution pour le restant.

Même loi. On ne peut plus réincarcérer pour la même dette celui qui est élargi faute de consignation d'alimens. On le pouvait auparavant en remboursant au débiteur les frais d'élargissement, et en consignant d'avance six mois d'alimens.

le commerçant est dessaisi de l'administration de tous ses biens.

S'il est prouvé que le failli a fait des dépenses personnelles au dessus de ses moyens, où des pertes au jeu ; s'il a pris inconsidérément des engagemens pour le compte d'autrui ; si, étant marié en séparation de biens, il a omis de faire publier l'extrait de son contrat de mariage, s'il n'a pas les livres prescrits par la loi, et s'ils ne sont pas régulièrement tenus, s'il a fait un paiement à un créancier au préjudice de la masse, il encourt la peine de deux mois à deux ans de prison.

Tous actes translatifs de propriété immobilière faits dans les dix jours qui précèdent l'ouverture de la faillite, sont nuls. Tous engagemens contractés par le débiteur dans les dix jours qui précèdent la faillite, prouvent son improbité ; car il a abusé de la confiance dont il jouissait, dans un moment où il pouvait prévoir sa prochaine déconfiture.

Lorsque le failli a soustrait ses livres, quand il a dissimulé, recélé ou soustrait une partie de son actif, quand il s'est reconnu débiteur d'une somme qu'il ne devait pas, il a encouru la peine de cinq à vingt ans de travaux forcés. Tous ceux qui ont aidé le failli dans ses opérations frauduleuses, sont passibles des mêmes peines.

CHAPITRE XIX.

De la prudence en Affaires.

Homme, réfléchis souvent, et examine bien tes facultés, tes rapports et tout ce qui t'environne ; ne parle, ni n'agis jamais sans avoir bien songé au but où tend chaque pas que tu fais, chaque parole que tu profères; tu t'épargneras ainsi beaucoup de disgrâces et de chagrins.

Sache que l'homme irréfléchi se trouve à chaque instant dans des positions difficiles; qu'à chaque pas il heurte ou est heurté, et qu'il est souvent semblable à celui qui, voulant franchir une haie, se lance étourdiment et va tomber dans un fossé qu'il n'apercevait pas de l'autre côté.

Ne prends jamais de décision dans la colère; celui qui se décide à une entreprise dans cet état, est semblable au marin qui met à la voile au moment de la tempête.

En affaires, agis toujours dans ton sang-froid; garde-toi de prendre de l'humeur pour des plaisanteries qui auraient pu te choquer. Si tu as affaire avec des hommes colères, mets un peu d'eau sur le feu, en leur répondant avec une politesse digne; ne réponds rien aux gens d'un caractère hargneux, agis envers ces derniers comme l'on fait avec les chiens qui aboient : ne te retourne pas, ils aboieraient plus fort; coupe la conversation, ils cesseront bientôt.

Ne trompe pas dans tes marchés, avertis des vices rédhibitoires, livre loyalement; ainsi, tu épargneras beaucoup de travail aux huissiers et aux gens de loi. Evite les procès : quand on plaide, on ne gagne pas toujours, et il en coûte toujours très cher pour avoir raison. Quand il faut employer les huissiers, les avoués, le timbre et l'enregistrement, l'argent va toujours très vite, et les affaires fort lentement.

Si tu plaides, transige aussitôt que tu le pourras; perds quelque petite chose s'il le faut, et tu gagneras encore ton temps, tu t'épargneras des démarches coûteuses, et tu pourras profiter de la tranquillité de ton esprit pour vaquer à d'autres affaires.

Fais reconnaître par écrit tout ce qui t'est dû, ne serait-ce que sur ton carnet; car la mémoire des débiteurs est quelquefois paresseuse; et puis, il n'y a rien de plus certain que la mort et rien de plus incertain que la vie : ne t'expose pas à avoir recours aux enquêtes, elles sont toujours difficiles et très coûteuses, sans compter qu'elles ne sont pas admises dans tous les cas.

Sois juste envers autrui, ne fais jamais ce que tu ne voudrais pas qu'on te fît, et l'on sera juste envers toi par esprit de réciprocité; au contraire, si tu trompes, tu excites les autres à chercher à te tromper; si tu nuis, tu suscites l'idée de te nuire; si tu jettes une pierre à ton voisin, il peut se faire qu'il t'en jette deux par esprit de représailles.

Ne ternis la réputation de qui que ce soit; ne sois pas l'écho de la médisance ou de la calomnie, si tu ne veux pas te créer des ennemis en pure perte qui, un jour, se mettront en travers de tes projets. Ne profères jamais d'injures, qu'aucun mot grossier ne vienne salir tes lèvres, sois toujours d'une politesse digne.

Ne fais jamais d'affaires à crédit avec les gens possédés de l'amour des plaisirs et du luxe, avec les paresseux et les gourmands, avec les personnes de mauvaise vie ou d'autres personnes de moralité douteuse. Crains le grand et le riche qui te comblent de prévenances inusitées; crains l'hypocrite, dont l'unique soin est de cacher ce qu'il pense; crains-les tous, quand ils t'invitent *à dîner* : si tu acceptes, tâche de découvrir le but qu'ils veulent atteindre en se mettant en rapport avec toi; crains l'avare : ce dernier prête toujours à usure, alors même qu'il rend service; tu ne pourrais satisfaire son avidité. Ne reçois pas de services de plus petit que toi, ni de l'homme léger; ces derniers te couvriraient de honte par leurs indiscrétions; prends des précautions contre celui qui a l'habitude de plaider. Enfin, ne fais d'affaires qu'avec les gens que tu connais bien; fais-en peu, et après mûre réflexion; n'en fais qu'une bonne tous les ans, si tu ne peux pas en faire davantage. Au bout de vingt ans, tu auras fait vingt bonnes affaires, et tu seras dans l'aisance. Ne te presse pas, attends les bonnes dispositions des autres; fais pourtant naître les occasions, si cela se peut; et quand elles te seront favorables, profites-en, et tâche de conclure aussitôt.

CHAPITRE XX.

Aperçus physiologiques.

Quand un homme se présente en face de toi pour affaires, regarde son front, ses yeux, sa bouche et les rides qui sillonnent sa figure; tâche de découvrir où il veut en venir par sa démarche auprès de toi; méfie-toi des faux airs de bonhomie et de simplicité, qui trop souvent couvrent la tromperie; méfie-toi des regards doux et flatteurs, tandis que les lèvres restent contractées, ainsi que des bouches qui s'efforcent de sourire, tandis que les yeux n'expriment que dureté. Sache que dans la méchanceté, les sourcils s'abaissent, se rapprochent, et que dans la bienveillance ils s'écartent, s'élèvent et s'épanouissent. Quant aux yeux et aux sourcils agités, ils n'annoncent souvent que de la vivacité, de la susceptibilité, ou une personne qui a été souvent en butte à des émotions profondes et qui est dans l'incertitude.

Sache que les yeux petits, ronds, et comme percés en vrille, sont souvent fins et malins; quant à l'œil vif et pénétrant, il ne dénote que de l'esprit et de l'intelligence; les yeux à demi fermés la paresse : l'œil qui garde toujours la même expression est celui de l'homme faible d'esprit; l'œil trop ouvert est celui de la folie. Sache qu'une bouche irrégulière annonce rarement la bonté; des lèvres serrées, minces et pincées sont presque toujours des signes de ruse et de méchanceté; mais une belle bouche dénote presque toujours quelque chose de bon, de noble et de grand. Méfie-toi de celui qui, en toute circonstance, a le sourire sur ses lèvres : c'est un complaisant et souvent un trompeur; celui dont le sourire a quelque chose de forcé, et qui ne peut regarder en face que par petits instans, te trompe; quant à celui qui rit peu, mais qui sourit sans bruit et avec bonté, c'est un homme bienveillant.

De grands traits et de profondes rides font présumer un caractère éprouvé par les vicissitudes, les passions et l'expérience; les rides du front qui se rapprochent des cheveux, annoncent un orgueilleux et un front ridé par des signes parallèles plus rapprochés des sourcils que de la racine des cheveux , dénote un penseur sérieux ; des sourcils rapprochés et saillans indiquent un jugement solide ; ils indiquent le contraire quand ils sont écartés et clairs.

Remarque surtout que ceux qui ont le front étroit et bas, sont des hommes rarement d'une imagination bien brillante, mais qu'ils réussissent presque toujours dans leurs entreprises ; c'est sans doute parce qu'ils ne sont jamais distraits de leur dessein par des pensées étrangères ou par les rêves d'une imagination naturellement ennemie des choses réelles. Au contraire, les hommes au front haut et large sont généralement doués de beaucoup d'imagination, et seraient aptes à tout, s'ils n'étaient trop souvent occupés de chimères et de pensées étrangères à la vie positive : de là vient qu'on dit que pour réussir à faire fortune, il n'y a pas de plus maladroits que les gens d'esprit et d'imagination. Notons pourtant que c'est parmi les fronts étroits et bas qu'on rencontre les ingrats, les esprits étroits, les égoïstes, c'est à dire les gens à courtes vues ; si un événement quelconque les fait sortir du cercle où ils ont l'habitude de tourner, ils se trouvent déroutés et ne savent plus se conduire ; s'ils viennent à pencher vers le mal, ils ne savent y résister ; on les voit alors s'abandonner aux passions les plus honteuses et aux actions les plus blâmables. Sur cent individus, on trouve soixante-dix têtes de ce genre, parmi lesquelles se trouvent une dixaine de sujets fort vicieux.

Les grands fronts, au contraire, sont portés à la

poésie, à la générosité, à la bienveillance, à l'amitié, et à toutes les vertus qui élèvent l'âme : les sciences, les arts, la gloire, l'ambition, sont le seul mobile de leur vie ; sur cent individus, on trouve à peu près vingt têtes de ce genre, parmi lesquelles il surgit ordinairement sept hommes de mérite.

Un front un peu étroit aux sourcils et qui s'élargit aux tempes, est un signe de ruse et de goût pour la tromperie. Les têtes à figures de chat avec proéminence autour des oreilles, annoncent l'ambition, l'avarice, quelquefois le larcin, et partant la dureté et l'insensibilité. De tels hommes regardent les plaintes, les souffrances comme des niaiseries ; quand ils rendent service, ce n'est que dans un but de bénéfice évident pour eux ; sur cent individus, on peut trouver trois ou quatre têtes de ce genre. Un vaste crâne et une petite face annoncent un génie distingué. Ces têtes sont très rares ; un petit crâne et une grosse face dénotent plutôt la force corporelle que les facultés de l'esprit : ces têtes ne sont pas rares parmi les manœuvres. Une face fine avec un petit nez effilé, annonce quelque chose de matois, de rusé comme le renard ; sur cent individus, on peut trouver deux têtes de ce genre.

Les visages pleins, frais, presque privés de rides ; ce qu'on nomme de bonnes figures, appartiennent à des hommes qui n'ont ni grands défauts, ni grandes qualités. Des traits délicats, des traits de femme annoncent dans un homme les penchans et les défauts de l'autre sexe ; un visage dont la peau est sèche, rugueuse, dont les yeux sont quelquefois enfoncés, appartient presque toujours à des hommes qui manquent de cette politesse minutieuse et indispensable à quiconque veut parvenir: de tels hommes détestent tout patronage, font peu de cas des conseils qu'on leur donne, et paraissent difficiles à vivre, aussi, arrivent-ils rarement à une position sortable; très peu aptes à la flatterie, enclins au parler brusque et sans charme, ils sont généralement peu dangereux en affaires.

Ne croyons pas que ces remarques soient toujours infaillibles; l'éducation, les bonnes ou mauvaises fréquentations, les circonstances où l'on a vécu, la religion, modifient souvent les penchans. Mais, on a beau faire; Lafontaine a dit :

Chassez le naturel, il revient au galop.

CHAPITRE XXI.

Art de se faire payer sans Huissier.

A l'époque où nous vivons, la société est presque toute composée de débiteurs et de créanciers qui s'agitent en tous sens pour être payés ou pour obtenir du répit, et celui qui est le mieux payé, est celui qui possède mieux l'art de faire rentrer ses fonds sans avoir recours aux voies judiciaires; c'est que celui qui emploie l'huissier sans entrevoir un résultat évident, use et fait disparaître tous ses autres moyens de recouvrer sa créance.

Certes, pour réussir par soi-même, tout le monde n'est pas doué de ténacité, d'énergie et de cette pose qui émeut et force un débiteur; on manque souvent aussi de cette perspicacité qu'il faut pour savoir saisir le bon moment. La plupart des hommes sont timides, indolens, ou ont presque toujours l'air de demander l'aumône quand ils vont réclamer ce qui leur est dû. Créancier! aie le sentiment de ta position et de tes droits, n'oublie pas un instant que ce n'est pas toi qui dois : c'est ton débiteur? Grandis-toi de deux pouces en sa présence; il est des cas où tu dois laisser pousser ta moustache et t'armer d'une canne, parce qu'il est des gens envers qui c'est de tenue; si tu avais l'air tremblant, les rôles seraient intervertis : on t'éconduirait, on te ferait promener, tu serais berné.

Tu dois pourtant aborder ton débiteur avec une politesse digne; mais exige toujours ton paiement à l'échéance; fais] attention que le moment de l'échéance est pour toi le moment de faire vendange; plus tard, tu ne ferais que grapiller : il y a même des débiteurs qui, après un certain laps de temps, considèrent une dette comme prescrite moralement.

Certes, jusqu'à l'échéance, tout débiteur mérite bienveillance, politesse et considération : mais l'échéance arrivée il n'y a plus de grâce : tu as acquis le droit incontestable de forcer ton débiteur sans relâche. Si pourtant tu avais été indiscret, vantard, tu aurais paralysé tes forces, tu aurais usé une partie de tes droits, tu serais impardonnable et tu mériterais qu'on t'éconduise le plus possible.

Il ne faut pas non plus que le désappointement de n'avoir pas tout touché à l'échéance te fasse toujours perdre ton sang-froid; si ton débiteur est un homme actif, industrieux et probe, tu peux tempérer ton humeur ; il n'y a rien à perdre avec de tels hommes ; mais avec les gens sans ordre, sans moralité et dont l'activité est douteuse, prends tes mesures , sois actif, persécute avec vigueur. Ne te fie pas trop à ceux qui font tant les capables ; les trois quarts de ceux qui sont si habiles en paroles le sont peu en actions , et les apparences cachent souvent de grands défauts.

Emploie l'huissier si tu veux, mais sois sobre de frais et surtout de saisies; car alors, l'huissier, les recors, le commissaire-priseur, le propriétaire pour ses loyers et les autres privilégiés pourraient bien s'emparer de tout le résultat de tes poursuites, et te laisser sali par une vilaine action avec ta créance compromise. Sache que, de l'aveu même des huissiers, sur cent saisies il n'y en a pas trois qui produisent autre chose que de fort fâcheux mécomptes.

Employer l'huissier contre des débiteurs peu solvables et au cœur pétri d'orgueil, de vanité et d'amour-propre, c'est les outrer, leur faire perdre la tête et les mettre dans l'impossibilité de chercher et de trouver les ressources avec lesquelles ils pourraient parvenir à se tirer d'embarras. Leur faire de gros frais pour de petites créances, c'est susciter toute sorte d'idées de haine et partant de mauvaise foi, c'est s'exposer à perdre sa créance. Avec de telles gens il faut biaiser, tâter le terrain : il faut les importuner , les assommer de politesse, de prévenances, de flatteries, remonter encore leur orgueil tout en leur faisant entrevoir la possibilité de certains cas de persécution personnelle, qui seraient pour des débiteurs de ce caractère un supplice par trop cruel.

Ne poursuis pas même personnellement les gens devenus insolvables, c'est vouloir pourfendre des moulins à vent : on ne pourrait que rire de ta folie.

Conserve ton énergie contre tous ces débiteurs de mauvaise volonté, contre ceux qui vont se ruiner par un luxe trop au dessus de leurs ressources, contre les débauchés, les insoucians, contre tous ceux, en un mot, qui créent des dettes sans savoir au juste quand ils les paieront et qui n'entendent se liquider que le plus tard possible : ils sont assez nombreux.

C'est avec ceux-ci qu'il faut employer ta ténacité, ton adresse, ta persévérance : ne crains pas de leur être importun, blesse-les par leur côté le plus sensible. La considération, les plaisirs de société et le plaisir du repos sont sans doute des biens qu'ils apprécient fort. Va les trouver au milieu de leurs repas, de leurs festins ; dis ton nom à haute voix, ne te gêne pas ; ne crains pas d'aller les trouver quand tu les sais en agréable société ; présente-toi dans les momens où ta présence leur sera le plus fâcheuse : suis-les quand ils entrent au café avec un ami : suis-les dans la rue et attends qu'ils soient accostés par un parent, un protecteur pour te présenter à eux, sois leur un reproche à chaque instant, sois inhérent à leur personne, sois leur un cauchemar. Aborde-les devant leur portier, devant leur domestique, devant leur boulanger ou leur boucher : ris de leurs mauvaises raisons jusqu'à ce que tu sois intégralement payé. Si tu as affaire avec un employé du gouvernement ou d'administration, tâche de le trouver en présence de son supérieur ; tout employé tient à la considération, et rien ne déconsidère comme d'avoir des dettes.

Agis enfin envers les mauvais payeurs comme les chiens envers les lièvres ; il faut les forcer. Si tu as été deux fois chez un débiteur sans le trouver, reviens-y le lendemain avec une brochure ou un journal dans ta poche, et fais voir que tu t'es précautionné de ce qu'il faut pour l'attendre. Manifeste ton intention positive et irrévocable de le voir le jour même. A son arrivée, fais éclater l'urgence de tes besoins, dis-lui hautement combien son inexactitude et son insouciance sont blâmables. Si ces moyens ne suffisent pas, tâche de transporter ta créance, avec prime, au portier de ce débiteur ou à un individu doué d'une figure rébarbative, à la voix criarde et au costume un peu canaille : il aura horreur d'être sous la main de telles gens.

Règle générale : persécute personnellement tout mauvais payeur ; c'est le seul moyen d'éviter de trop fâcheux résultats, c'est à dire d'enrichir les huissiers, gens peu utiles à l'égard des bonnes créances, et qui ne servent souvent qu'à compromettre les médiocres. L'article 370 du Code pénal te met à l'abri de tout désagrément pourvu que tu aies un titre et que tu ne profères pas d'injures contre ton débiteur ; car pour injures, il y aurait amende de 1 fr. jusqu'à 5 fr., d'après l'art. 471.

Avec un failli de mauvaise foi, laisse pousser ta barbe, couvre toi de tes plus mauvaises nippes et va t'installer résolument chez lui, conduis-y ta femme en pleurs, ainsi que tes enfans : couvre de honte celui qui cause la ruine de ta famille; mais évite de l'injurier en public.

Si tu es porteur d'une lettre de change, fais protester, montre les dents à ton débiteur et tiens-le, quelque temps, sous le coup de l'incarcération, et si tu juges à-propos d'en venir à cette extrémité, consigne régulièrement les frais de nourriture tous-les 30 jours avant 9 heures du soir, et non tous les mois dont la moitié ont 31 jours : sans cette vigilance, ton oiseau s'échapperait et ta créance se trouverait entièrement compromise.

Si ton débiteur cherche à mettre ses meubles à l'abri par des ventes simulées, au moyen de prête-mains, prends patience, les amis se lasseront de soutenir la mauvaise foi. Etudie pendant ce temps les articles 1167, 1464, 1466, 622 et 788. Tâche aussi d'appeler en serment ces soutiens du mauvais payeur : la plupart n'auront agi que par légéreté et sans réflexion : ils ne seront pas tous assez intrépides pour venir lever la main contre leur conscience.

Avec les jeunes gens qui ne paient pas leurs dettes, n'attends pas que le nombre de leurs créanciers s'augmente encore : fais citer, prends jugement et puis inscription : quand leur position se sera améliorée par héritage ou par un changement de conduite, tu seras en règle. Si ton jugement est par défaut, il te faut un acquiescement par écrit de ton débiteur ; s'il refuse, tu feras faire un procès-verbal de carence par ton huissier. N'oublie pas qu'après six mois tous jugemens par

-défaut, excepté ceux des justices de paix, sont comme non avenus, et que dans ce cas tous les frais avancés par toi seraient perdus. Si tu connais à ton débiteur des sommes en dépôt, des rentes constituées, etc., fais faire, au plus vite, une saisie arrêt, et le tiers détenteur ne pourra plus se dessaisir qu'en ta faveur. Tâche de découvrir quelque créance de ce débiteur : fais que celui qui lui doit laisse prendre jugement, te voilà en mesure. Il est dommage que les rentes sur l'Etat, et les actions de la banque soient à l'abri de ce moyen qui est fort commode. On ne peut aussi faire retenir qu'une faible partie des appointemens de messieurs les employés.

Nous terminerons l'exposé des moyens de se faire payer par ses débiteurs, par l'anecdote suivante : « M. le comte de ... remplit très bien ses engagemens envers les personnes de son rang , il paie aussi ses dettes de jeu ; c'est tout simple : il tient à conserver l'estime des gens de sa société : *et puis les riches se paient très bien entr'eux ; mais monsieur le comte laisse pâtir son bottier qui est un pauvre père de famille.*

Un jour cet artiste s'est pourtant lassé des mauvaises raisons de M. le comte, et s'est décidé à le persécuter réellement. Il fut d'abord trois fois chez sa pratique. La première il fut renvoyé à huitaine, la deuxième il fut comblé de promesses et de tant de politesse qu'il en fut confus, la troisième il ne reçut que des raisons en l'air. Alors notre bottier fit citer, mais M. le comte ne daigna pas paraître à l'audience. Deux jours après, le bottier apprit que les meubles garnissant l'appartement de son débiteur appartenaient au tapissier : sur ce, il fut résolument trouver sa pratique pour lui anoncer qu'il renonçait aux poursuites judiciaires, mais qu'il allait se mettre en œuvre pour la persécution personnelle, et qu'il la continuerait à outrance jusqu'à parfait paiement; qu'il était père de famille, obligé en outre de payer ses ouvriers, et qu'il était décidé à tout faire avant de se résigner à devenir sa dupe.

Le lendemain le bottier se pose en sentinelle, pendant toute la journée, devant la maison de M. le comte qui resta aux arrêts forcés. Le surlendemain il l'attendit à une certaine distance dans la rue. A onze heures du matin, il vit enfin M. le comte sortir et se diriger vers les boulevarts ; il le joignit aussitôt, et l'arrêta devant la boutique d'un boulanger : ce fut là, et avec fermeté, qu'il le somma de lui solder son mémoire de fournitures. Dans la rue Montmartre, M. le comte est accosté par un de ses compatriotes : nouvelle apparition du bottier *son mémoire à la main.* Sur les boulevards M. le comte a le malheur d'être salué par une fort aimable et jeune dame : aussitôt paraît encore la figure du bottier toujours plus étrange et plus menaçante. M. le comte entre ensuite dans une maison de la rue Richelieu : le bottier entre aussitôt dans la même maison et attend sous le vestibule ; à sa sortie, M. le comte est encore obligé de subir les reproches du bottier, qui lui signifie qu'il aura encore le plaisir de l'escorter ainsi deux fois par semaine, qu'il l'avait résolu et qu'il mettrait de l'amour-propre à exécuter son projet, d'autant plus qu'il croyait faire une action

louable en démasquant un homme qui laissait pâtir ainsi les pauvres ouvriers qui travaillaient pour lui. Il le menaça même, pour terminer la chose, d'affiches toutes préparées portant en grosses lettres *créance à vendre* et puis *créance à vendre à bon marché contre* (1).....
Trois jours après notre bottier reçut tout son argent. Aucun huissier n'aurait amené ce résultat.

Créancier, sois sévère, intrépide contre tous les mauvais payeurs ; mais sois généreux quelquefois, sois clément envers le débiteur industrieux et probe ; si tu allais étouffer son crédit en écoutant ta mauvaise humeur, tu ferais la plus lourde des sottises ; outre que tu ferais une mauvaise action, tu t'enlèverais la chance d'être payé plus tard. Cache plutôt à tout le monde que celui-ci te doit, cache-le à toi-même, ne le dénigre pas ; travaille plutôt à sa réputation et espère. Dans le siècle où nous vivons, les retours de fortune ne sont pas rares pour l'homme actif et intelligent : la plupart des riches du jour ne l'étaient pas il y a 25 ans. Fais attention qu'il y a même des créanciers habiles qui prêtent encore à leurs débiteurs industrieux, quoiqu'ils soient momentanément insolvables. Prends pitié surtout, sois attendri à la vue de l'orphelin qui te tend les bras ; déploie sur lui les ailes de la compassion. Épargne aussi la veuve dont le cœur est brisé, dont les yeux sont baignés de larmes. Donne volontiers du temps à l'ou-

(1) Ce qu'il n'aurait pu faire sans encourir les peines de l'article 375, et une amende depuis 16 fr. jusqu'à 500 fr.

vrier sans travail. Ne laisse pas échapper les occasions d'orner de quelques beaux traits l'histoire de ta vie.

CHAPITRE XXII.

Cas où l'intervention de l'Huissier est utile..

Il faut employer l'huissier : 1° pour toutes actions commerciales qui requièrent célérité ; 2° pour recouvrer les sommes de haute importance dues par des personnes bien solvables : pour exécuter saisie arrêt contre les débiteurs forains ; 3° pour protêt afin de conserver la garantie des endosseurs ; 4° pour interrompre et empêcher la prescription ; 5° pour obtenir jugement et inscription contre les dissipateurs et les prodigues ; 6° pour saisie gagerie contre locataires ou fermiers après simple commandement ou avec simple permission du président du tribunal ou du juge de paix ; 7° pour tierce opposition à un jugement qui préjudicie à nos droits et pour requête civile ; 8° pour intenter action en partage quand il y a des mineurs ou des absens ; 9° pour intenter une action en dommages-intérêts en matière civile ; 10° pour sommer à faire des réparations urgentes, et pour toutes choses semblables, pourvu que la partie soit bien solvable.

Sauf les cas ci-dessus, tu devrais, autant que possible, faire en sorte de te passer de leur ministère.

Si tu veux employer l'huissier, jette auparavant un coup d'œil sur *les tarifs* ci-après : arrête les prix pour tels et tels actes, et ne laisse instrumenter que d'après tes ordres précis ; fais ensuite quelques démarches auprès de tes débiteurs, tâte le terrain avant de donner d'autres ordres ; c'est que les huissiers sont gens fort besogneux par nature. On les voit même assez souvent surcharger encore chacun de leurs articles et quelquefois mentionner frauduleusement des actes imaginaires ; et puis ces sangsues s'obstinent toujours à ne pas vouloir dégorger le trop perçu , même après rectification du juge taxateur.

Evite les grands frais : si c'étaient les mauvais payeurs, les débauchés ou les chevaliers d'industrie qui fussent destinés à en supporter le fardeau, nous n'implorerions pas la pitié, mais ce sera toujours l'honnête marchand ou l'industriel laborieux qui en sera la victime ; tous les huissiers savent cela, et ils ont pourtant l'infamie de tirer chaque fois à boulets rouges sur de braves gens.

Plains l'industriel qui n'a pas toujours de fortes sommes en réserve ou un crédit illimité pour parer aux coups de remboursemens, dont les comptes de retour se montent quelquefois à des sommes supérieures au principal.

CHAPITRE XXIII.

Tarif des Honoraires des Notaires.

A Paris, leurs vacations de trois heures se paient 9 fr., dans les villes où il y a une cour royale, 8 fr., où il y a un tribunal de première instance, 6 fr., partout ailleurs, 4 fr.

Ils comptent par vacations , pour compulser dans leur étude, pour comptes de tutelle, pour formation de compte de co-partageans, pour transport requis devant un juge, pour déposer minute des procès-verbaux, pour se rendre au greffe, pour signification d'actes respectueux avant mariage, etc.

Toutes les fois qu'il leur est alloué des vacations, ils ne peuvent rien exiger pour leurs minutes.

Pour transport à plus d'un myriamètre, il leur est dû une vacation, une demi-vacation pour chaque myriamètre en plus, aller et retour, et pour frais de route et nourriture encore une demi-vacation.

Pour actes de vente, pour enchères et adjudications, pour contrats de mariages, à Paris, ils ont droit à 1 p. 0|0, quand le montant ne se monte pas à 10,000 fr. ; de 10,000 jusqu'à 50,000, 1|2 p. 0|0.; depuis 50,000 jusqu'à 100,000, '1|4 fr p. 0|0 ; pour les sommes au-dessus 1|8 de franc p. 0|0. Dans les villes de Lyon, Marseille, Bordeaux et Rouen, mêmes droits qu'à Paris ; dans les villes de 30,000 âmes, réduction d'un dixième sur les honoraires de Paris, et d'un cinquième dans les autres localités.

Pour les actes de second ordre, comme baux, transactions, compromis, testamens, etc., il leur est dû le prix d'une vacation, et d'une vacation et demie si la rédaction de ces actes devenait plus compliquée qu'à l'ordinaire.

Pour les actes de troisième ordre, comme quittances, pouvoirs, procurations, certificats de vie, lettres de change, il leur est dû 3|4 d'une vacation, et une vacation entière quand leur rédaction est plus compliquée qu'à l'ordinaire.

Les expéditions des actes reçus par notaire, doivent contenir 25 lignes par pages et 15 syllabes par lignes ; ils sont payés à Paris, 3 fr., dans les villes où il y a un tribunal de première instance, 2 fr., et partout ailleurs, 1 fr. 50 c.

CHAPITRE XXIV.

Tarif des Honoraires des Avoués.

Pour obtention d'un jugement par défaut, après demande d'une somme qui n'excède pas 1,000 fr. : Paris, 7 fr. 50 c., partout ailleurs, 5 fr. 62 c. ; pour une demande de 1,000 à 5,000 fr., Paris, 10 fr.; ailleurs, 7 fr. 50 c. ; quand la demande excède 5,000 fr., Paris 15 fr.; ailleurs, 11 fr. 50 c.

Pour honoraires de l'avocat qui a plaidé contradictoirement, à Paris, 15 fr.; ailleurs, 10 fr.; pour jugement par défaut, Paris, 5 fr. ; ailleurs, 4 fr.

Quand les avoués plaident eux-mêmes, Paris, 10 fr.; ailleurs, 6 fr.

Pour assistance de l'avocat aux jugemens de délibéré et fournir les notes, Paris, 5 fr. ; ailleurs, 4 fr.

Quand la cause présente des difficultés, le salaire de l'avocat ne peut se déterminer.

Pour assistance de l'avocat pour plaidoiries qui précèdent jugemens interlocutoires et définitifs, Paris, 5 fr.; ailleurs, 2 fr. 25 c.

Pour assister l'avocat qui plaide contradictoirement, Paris, 1 fr. 50 c.; ailleurs, 1 fr.

Pour assister l'avocat qui obtient jugement par défaut, Paris. 1 fr.; ailleurs, 75 c.

Pour original de constitution d'avoué, Paris, 1 fr.; ailleurs, 75 c. Plus le timbre et l'enregistrement.

Pour acte de signification d'avoué à avoué, Paris,

1 fr.; ailleurs, 75 c. ; plus le timbre et l'enregistrement.

Pour acte de production nouvelle, contenant l'état des pièces, Paris, 5 fr.; ailleurs, 3 fr. 75 c.

Pour original des requêtes servant de défense. — Rôles de 25 lignes. — Paris, 2 fr.; ailleurs, 1 fr. 50 c.

Pour original d'acte contenant récusation d'experts, 3 fr. 75 c.; le quart pour les copies.

Pour prendre communication des pièces au greffe, Paris, 3 fr.; ailleurs, 2 fr. 25 c.

Pour être présent à la prestation de serment devant juge-commissaire, Paris, 3 fr., ailleurs, 2 fr. 25 c.

Vacation pour mettre la cause au rôle, Paris, 1 fr. 50 c.; ailleurs, 1 fr. 35 c.

Vacation pour communiquer les pièces au ministère public, Paris, 1 fr. 50 c.; ailleurs, 1 fr. 35 c.

CHAPITRE XXV.

Tarif des Honoraires des Greffiers.

Pour expéditions de jugemens définitifs dans les tribunaux de première instance et de commerce , il leur est alloué 2 fr. par rôle.

Pour expédition de jugement interlocutoire , de procès-verbal d'enquête, de rapport d'expert et de tous autres actes déposés au greffe, il leur est alloué 1 fr. par rôle.

Pour recherche d'une année indiquée autre que la présente, 50 c., et 25 c. pour chaque année en plus s'ils ne font pas expédition,

Pour recherches sur l'année courante il n'est rien alloué.

Pour expédition de jugemens sujets à appel, des ventes et baux judiciaires, il leur est dû 1 fr. 25 c. par rôle.

Il est alloué aux juges de paix, pour chaque vacation de trois heures, dans lesquelles ils comptent l'aller et le retour, soit pour opposition, soit pour levée de scellés, soit pour assister à tout conseil de famille, soit pour entendre les témoins à l'effet d'établir des actes de notoriété, soit pour visiter des lieux contentieux, soit pour assister à l'ouverture des portes en cas de saisie, à Paris, 5 fr., villes où il y a tribunal de première instance, 3 fr. 75 c., ailleurs, 2 fr. 50. Il est alloué, en sus, aux greffiers, les deux tiers de la vacation du juge, c'est à dire à Paris, 3 fr. 33 c., tribunal de première instance, 2 fr. 50, partout ailleurs, 1 fr. 67 c.

Il est alloué aux juges de paix, pour être présens à l'arrestation d'un débiteur, à Paris, 10 fr., trib. de prem. inst., 7 fr. 50 c., ailleurs, 5 fr.

Il est alloué aux greffiers des justices de paix, pour chaque rôle d'expédition de 20 lignes de 10 syllabes, à Paris, 50 c., ailleurs, 40 c. Pour procès-verbal de non conciliation, à Paris, 1 fr., ailleurs, 80 c.

CHAPITRE XXVI.

Tarif des Honoraires des Experts et Arbitres.

Pour chaque vacation de trois heures, il leur est dû à Paris, 8 fr., partout ailleurs, 6 fr.

S'ils constatent quatre vacations par jour, à Paris, 32 fr., partout ailleurs, 24 fr.

Pour prestation de serment, il leur est dû le prix d'une vacation.

Pour déposer leur rapport, *idem* une vacation.

Au moyen de cette taxe, les frais d'écrivain et de porte-chaînes restent à leur charge.

La majeure partie des arbitrages se paient 25 à 30 f.; cependant les honoraires varient en raison de l'imporr tance des affaires et du temps qu'elles exigent.

CHAPITRE XXVII.

Tarif des Frais d'Huissiers.

Pour original de citation, d'opposition, de demande en garantie, d'exploit d'ajournement, de signification de jugement, à Paris, 2 fr.; partout ailleurs, 1 fr. 50 c.

En justice de paix, Paris, 1 fr. 50 c. ; ailleurs, 1 fr. 25 c.

Et pour chaque copie, à Paris, 25 c.; ailleurs, 20 c.

Il leur est alloué en plus, 2 fr. pour transport, si leur course est d'un myriamètre, aller et retour. Tous actes judiciaires et extra-judiciaires de l'huissier, sont de 2 fr. à Paris, et en province, 1 fr. 50 c. — Le quart pour la copie.

Pour original de récusation de juge de paix, 3 fr. pour Paris; ailleurs, 2 fr 50 c.

Pour procès-verbal de saisie, à Paris, 8 fr., y compris 1 fr. 50 c. pour chacun des deux témoins; partout ailleurs, 6 fr., y compris 1 fr. pour chacun des deux témoins.

Il leur est dû en plus, 2 fr. pour transport par chaque myriamètre.

Pour procès-verbal de saisie brandon, Paris, 6 fr.;
villes où il y a trib. de prem. inst. 5 fr.; partout ailleurs,
4 fr.

Pour saisie immobilière, Paris, 6 fr.; partout ailleurs,
5 fr.

Pour procès-verbal de consignation des deniers, à
Paris, 3 fr.; ailleurs, 1 fr. 50 c,

Pour procès-verbal d'emprisonnement, y compris
l'écrou et l'assistance des deux recors, Paris, 60 fr.
villes où il y a trib. de prem. inst., 40 fr.; partout ailleurs, 30 fr. Vacation au référé, si le débiteur le re-
quiert, à Paris, 8 fr.; ailleurs, 6 fr. Pour procès-verbal
d'emprisonnement, Paris, 3 fr.; ailleurs, 2 fr. 25 c.

Pour original d'un protêt, perquisitions et copies
comprises, Paris, 5 fr.; partout ailleurs, 4 fr.

Il y a peine d'interdiction pour l'huissier qui pren-
drait de plus forts droits que ceux qui lui sont alloués
par le tarif.

A la fin de l'original et de chaque copie, il doit faire
mention du coût d'icelui, à peine de 5 fr. d'amende.

CHAPITRE XXVIII.

Tarif des Frais d'Enregistrement.

Pour ventes, adjudications, et tous actes translatifs
de propriété immobilière, 5 fr. 50 c. p. 0ͅ0.

Ventes de récoltes sur pied, de bois, id. 2 fr. p. 0ͅ0;
non compris le décime.

Ventes publiques de marchandises et de meubles,
50 c. p. 0ͅ0,

Pour mutations après décès en ligne directe. — Immeubles, 1 fr.; meubles, 25 c.

De l'époux à l'époux. — Imm., 3 fr.; meubles, 1 fr. 30 c. p. 0|0.

Du frère au frère, de l'oncle au neveu. — Imm., 6 fr. 50 c.; meubles, 3 fr. p. 0|0.

Du grand-oncle au petit-neveu, de cousins-germains à id. — Imm., 7 fr.; meubles, 4 fr. p. 0|0.

Mutations entre parens plus éloignés. — Imm., 8 fr.; meubles, 5 fr.

Entre personnes non parentes et enfans naturels. — Imm., 9 fr.; meub., 6 fr.

Pour donation en ligne directe. — Imm., 2 fr. 50 c.; meubles, 1 fr. 25 c. p. 0|0.

Entre époux. — Imm., 3 fr.; meubles, 1 f. 50 p. 0|0.

Entre frères, oncles et neveux, et autres parens, jusqu'au 12e degré.—Imm., 3 fr.; meubles, 2 fr. 50 c.

Au profit de toute autre personne. — Imm., 6 fr. p. 0|0; meubles, 3 fr. 50 c.

Au profit d'un enfant qu'on a adopté, mêmes droits qu'en ligne directe.

L'enregistrement perçoit en outre, 50 c. p. 0|0 pour la transcription, et il ne reste plus à payer qu'un droit fixe de 1 fr., lors de la formalité.

Pour les constitutions de rentes, les délégations, 2 fr. pour 0|0.

Les cessions et transports de rentes, etc., 2 fr. p. 0|0.

Les échanges de biens immeubles, 2 fr. pour 0|0. pris sur la valeur d'une des parts, s'il n'y a pas de retour. — Le retour est assimilé à la vente.

Les transports de créances, les transactions avec promesses de payer, les arrêtés de comptes, les billets, mandats et tous actes qui contiennent obligations sans libéralité, les prêts d'argent, paient 1 fr. pour 0|0.

Les baux à ferme et cessions de baux, paient 75 c. pour 0|0 pour les deux premières années, et 20 c. pour 0|0 pour toutes les autres années.

Résolution de bail pour cause de nullité, droit fixe de 5 fr. — Résolution volontaire, 5 fr. 50 c.

Les contrats d'assurances, les attermoiemens, les quittances, les cautionnemens, les brevets d'apprentissages, les billets à ordre, paient 50 c. pour 0|0 et les lettres de change, 2 fr. p. 0|0

Les baux à cheptel, les baux de pâturages, 25 c. p. 0|0 pour les deux premières années, et demi-droit pour les suivantes.

Apposition de scellés, 2 fr. pour chaque vacation.

Actes de société, droit fixe de 3 fr.

Nomination d'experts par les cours royales, 5 fr.; tribunal de 1re inst., 3 fr.; trib. de paix, 1 fr., *droit fixe.*

Procuration, droit fixe de 2 fr.; procuration déterminant honoraires, 3 fr.

Les actes de société et dissolution de société, sont sujets au droit fixe de 3 fr.

Les autorisations pures et simples, les récépissés de pièces sont sujets au droit fixe de 2 fr.

Les compromis, nominations d'arbitres, les transactions ne contenant aucunes stipulations de sommes ou valeurs, sont soumis au droit fixe de 3 fr.

Les testamens sont sujets au droit fixe de 5 fr.

L'enregistrement perçoit en sus, 10 c. pour fr. sur toutes les sommes qui lui sont dues.

Droits à payer pour prendre Inscription.

Pour salaire, 1 fr.

Pour timbre du registre, 1 fr. par rôle.

Pour le montant de la créance, 1 fr. par mille.

Pour le registre de dépôt, 6 c. par case.

Pour timbre de la reconnaissance, 35 c.

Plus, le coût du bordereau, 3 fr. — Chaque copie de bordereau, 75 c.

Nota. Le bordereau doit contenir trois choses, à peine de nullité : 1° Le montant de la créance ; 2° l'époque de l'exigibilité ; 3° une élection de domicile dans la circonscription du bureau.

CHAPITRE XXIX.

Des Justices de Paix.

D'après la loi du 25 mai 1838, les juges de paix peuvent connaître de toutes actions purement personnelles et mobilières, en dernier ressort, jusqu'à la valeur de cent francs ; et à charge d'appel, jusqu'à la valeur de deux cents francs. Ils connaissent aussi à charge d'appel jusqu'à la compétence des tribunaux de 1re instance, pour loyers, congés, expulsion des lieux, pour contestations entre voyageurs et voituriers, pour dépenses dans les hôtels garnis, pour réparations faites aux voitures , pour dommages faits aux champs , pour contestations entre maîtres et ouvriers , etc.

Le délai pour interjeter appel des jugemens de justice de paix est de 30 jours après la signification.

Celui qui veut faire opposition à un jugement par défaut, n'a que *trois jours* en y comprenant celui de la signification. Ainsi, dans le cas où la signification n'aurait lieu que le vendredi soir et qu'on ne bougerait pas le samedi , le dimanche étant un jour où les huissiers ne peuvent instrumenter , on ne serait plus recevable pour former opposition le lundi.

L'état des frais qui suit est basé sur une demande en paiement d'un billet de 100 fr. qui est la somme pour laquelle on peut être jugé en dernier ressort devant les justices de paix.

Enregistrement du titre   1 fr. 10 c.

Citation à Paris   3   65 ailleurs 3 fr. 35 c.

Si le domicile du cité est éloigné de plus d'un demi-myriamètre de celui de l'huissier , il est dû à celui-ci 2 fr. en plus pour chaque myriamètre aller et retour.

Appel de la cause , 15 c.,

Enregistrement de la condamnation, 1 fr. 10 c.

Expédition en 4 rôles à 1 fr. 75 c. par rôle, 7 fr.

Inscription, 4 fr. 30 c. *Ce chiffre peut être augmenté de ports de lettres. Après l'inscription, le créancier soigneux de ses intérêts, peut attendre quelque temps puisqu'il se trouve en règle.*

Signification , 5 fr. 25 c. à Paris; partout ailleurs , 4 fr. 52 c. *Augmentation de 2 fr. par myriamètre s'il y a lieu.*

Enregistrement du jugement de débouté, 2 fr. 20 c.

Expédition , 7 fr.

Signification à Paris , 5 fr. 25 c. : partout ailleurs 4 fr. 52. c.

Ces trois derniers articles n'ont lieu que quand il y a eu jugement par défaut.

Commandement à Paris, 5 fr. 40 c.; ailleurs, 4 fr. 78 c.

Saisie et procès-verbal , 14 fr. 50 c.; hors Paris, 12 fr. 50 c.

Affichage et procès-verbal d'affiche, Paris 17 fr. 50 c.; ailleurs, 15 fr. 50 c.

Recolement à Paris, 8 fr. 90 c.; ailleurs, 7 fr. 80 c.

Gardien 12 jours : à Paris 30 fr.; ailleurs , 24 fr,

Il y a en plus les frais pour transport des objets saisis , et au moins une vacation pour la vente. Nous ne parlons même pas des frais d'arbitrage , de descente , d'expertise, ni d'enquêtes. Nous terminons cet article en disant qu'on devrait se montrer sobre d'exécutions, parce qu'elles ont presque toujours pour résultat la ruine du débiteur , la perte de la créance et le regret d'avoir fait *une mauvaise action en pure perte.*

Les tribunaux de commerce connaissent de toutes contestations entre négocians, marchands, fabricans, et banquiers; la compétence de ces tribunaux peut être temporaire à l'égard d'autres personnes pour entreprises de transport, pour trafic temporaire, courtage, pour construction, pour fabrication, pour celui qui souscrit une lettre de change, quelle que soit leur profession.

Les tribunaux de commerce jugent en dernier ressort : 1° toutes contestations dans lesquelles les parties auront déclaré vouloir être jugées définitivement.

2° Toutes les demandes dont le principal n'excède pas une valeur de 1,500 fr.

3° Les demandes en compensation et en dommages et intérêts, lors même que réunies à la demande principale elles excéderaient 1,500 francs.

Les jugemens par défaut ne sont pas exécutés avant l'échéance de la huitaine après signification.

Tous jugemens par défaut doivent être exécutés dans les six mois de leur obtention, sinon ils seront réputés comme non avenus.

L'opposition à un jugement par défaut, rendu par les tribunaux de 1re instance et de commerce, n'est recevable que pendant les huit jours à compter du jour de la signification, s'il y a eu avoué constitué : elle est recevable jusqu'à l'exécution (saisie, incarcération), s'il n'y a pas eu avoué constitué.

Toute instance est éteinte par discontinuation de poursuites pendant trois ans : ce délai est augmenté de six mois dans tous les cas où il y a lieu à demande en reprise d'instance. La péremption n'a pas lieu de droit; elle doit être demandée par requête d'avoué à avoué. La péremption n'éteint pas l'action, mais le demandeur principal supporte tous les frais de la procédure périmée et ne peut alors opposer aucun des actes de la procédure éteinte ou s'en prévaloir.

On peut interjeter appel dans l'intervalle de trois mois à dater du jour de la signification.

État des frais devant un tribunal de commerce pour un billet de 1,000 francs.

Protêt, 6 fr. 85 c. ; — enregistrement du titre, 5 fr. 50 c. — Ces frais peuvent être augmentés par des droits de retour retenus par les banquiers. (1)

Dénonciation du protêt, Paris 6 fr. 85 c.; — ailleurs 5 fr. 93 c. — Cet acte doit être fait dans le délai de quinzaine, afin de conserver la garantie des endosseurs.

Mise au rôle, 1 fr. 65 c. ; — appel de cause, 30 c. — rédaction, 1 fr. plumitif, 50 c.; — pouvoir de l'agréé, 2 fr. 20 c.; — obtention du jugement, 4 fr. — coût du jugement, 5 fr. 50 c.; — timbre de l'expédition, en six rôles, 3 fr. 75 c. — droit d'expédition, 6 fr. 60 c. — vacation à la commandite, 3 fr.

Signification à Paris, 7 fr. 90 c. — ailleurs, 6 fr. 85 c. — commandement, 5 fr. 50 c.; hors Paris, 4 fr. 88 c. — opposition, 6 fr. 75 c.; hors Paris, 5 fr. 28 c. — jugement de débouté, 3 fr. 30 c., plumitif 50 c., rédaction 1 fr., vacation de l'agréé, 4 fr. pour l'expédition, 3 fr., timbre d'icelle, 3 fr. 75 c., droit d'expédition, 6 fr. 60 c.

Signification, 7 fr. 90 c.; hors Paris, 6 fr. 85 c., — commandement, 5 fr. 40 c.; hors Paris, 4 fr. 88 c. — saisie, 14 fr. 50 c.; hors Paris, 12 fr. 50.; — affiches, 17 fr. 50 c.; hors Paris, 15 fr. 50.

Recolement, 8 fr. 90; hors Paris, 7 fr. 90 c.

(1) L'huissier de Paris se fait souvent payer 4 fr. en plus pour aller aux Batignolles, à la Chapelle, etc.: ces frais doivent être réduits par le juge taxateur.

Gardien, 12 jours, 30 fr.; hors Paris, 24 fr.

Le total de ces frais se monte à 166 fr. 85 c.; et hors Paris, 152 fr. 29 c.; et nous ne portons pas les frais d'arbitrge, d'arrestation, d'emprisonnement, etc.

Ne laissons instrumenter l'huissier ou l'homme d'affaires que d'après nos ordres précis. Si nous leur lâchons la bride, ils comprimeront l'orange tellement, qu'il ne restera plus que l'écorce pour nous.

Choisissons l'avoué le plus intègre et le plus actif. Celui qui aurait le génie des accommodemens, serait le meilleur.

CHAPITRE XXX.

Tarif des frais près les Tribunaux de 1ᵉ Instance.

Sur une demande résultant d'une reconnaissance de mille francs; enregistrement du titre, 5 fr. 60 c.

Requête pour assigner à bref délai, Paris, 6 fr. 65 c.; ailleurs, 5 fr. 90.

Assignation, Paris, 6 fr. 75 c.; hors Paris, 6 fr. 28 c. — Mise au rôle, 1 fr. 65 c. — Appel de cause, 30 c. Obtention de jugement par défaut, Paris, 7 fr. 50; hors Paris, 5 fr. 65. — Coût du jugement, 5 fr. 50 c. — Rédaction, 1 fr. — Timbre de l'expédition, 8 fr. 80 c. — Signification, 7 f. 90 c.; hors Paris, 6 f. 35 c. — Commandement, 5 fr. 40 c.; hors Paris, 4 fr. 88 c. — Recours sur l'opposition, 1 fr.; hors Paris, 95 c. — Trois bulletins, 45 c. — Appel de cause, 30 c. — Obtention du jugement définitif, 15 fr; hors Paris, 11 fr. 25 c. Qualités, 3 fr. 75; hors Paris, 2 fr. 85 c. — Enregistrement du jugement, 3 fr. 30 c. — Huit rôles pour l'expédition, 8 fr. 80 c. — Rédaction, 1 fr. — Signification à avoué, 1 fr.; hors Paris, 95 c. — Signification à domicile, 7 fr. 75 c.; hors Paris, 7 fr. 23 c. — Inscription, 4 fr. 30 c. — Commandement, 5 fr. 40 c.; hors Paris, 4 fr. 88 c. — Saisie, 14 fr. 50; hors Paris, 12 fr. 60 c. — Affiches, 17 fr. 50 c.; hors Paris, 12 fr. 50 c. — Recolement, 8 fr. 90 c.; hors Paris, 7 fr. 90 c. — Gardien, 12 jours, 30 fr.; hors Paris, 24 fr.

Le total de ces frais s'élève à 179 fr. 25 c.; et hors Paris, 156 fr. 15 c.

En matière de commerce comme en matière civile, il existe une indemnité de transport due à l'huissier, qui est de deux francs pour chaque myriamètre.

Employons autant que possible l'huissier de la localité. Celui-là connaît mieux la solvabilité du débiteur, et puis il économise des frais qui ne sont pas toujours remboursés. L'huissier de Paris prendra 4 fr. en plus pour chaque acte fait à Neuilly. Si la procédure comporte dix actes, il faudra débourser 40 fr. en plus bien inutilement.

L'impossibilité de prévoir tous les accidens que peut faire naître une procédure, même la plus simple en apparence, nous oblige de baser nos trois états de frais sur les procédures qui ne donnent matière à aucune difficulté. Il est évident que les résultats varieraient, s'il survenait des accidens qui donneraient lieu à des enquêtes et interrogatoires sur faits et articles, des expertises, des descentes sur lieux, ou toute autre mesure préparatoire.

Nous avons dû même, à propos de saisie, nous occuper de la plus simple, qui peut se faire dans une seule vacation de trois heures; si elle durait plus long-temps, il faudrait pour chaque vacation suivante, 5 fr. pour les huissiers de Paris , et 3 fr. 75 c. pour ceux hors de Paris. Du reste , nous engageons toute partie qui est dans le cas de payer des frais , à ne le faire qu'après avoir exigé la taxe : aucun officier ministériel ne peut s'y refuser. C'est que les huissiers et avoués enflent toujours leurs états de frais; on dit même que les juges taxateurs ne perdent pas assez de vue leurs relations sociales avec certains avoués, qu'ils n'oublient pas toujours qu'ils dînent quelquefois avec ceux dont ils doivent taxer les honoraires , etc.; ce sont des calomnies, et nous n'en croyons pas un mot. Enfin, nous terminons en rappelant que l'exécution forcée d'un jugement , est rarement un moyen de se faire payer , et qu'on ne doit y recourir qu'avec une extrême réserve.

Intérêts.

La plus facile des méthodes pour avoir le montant des intérêts d'une somme quelconque par an , c'est de multiplier le capital par 5 , si l'intérêt est à 5; par 6, si l'intérêt est à 6; par 8 , si l'intérêt est à 8 p. 0/0. — Placez ensuite la virgule avant les deux derniers chiffres.

Ex. : Quel est l'intérêt de 219 fr. 00 c.
à raison de 7 fr. 00 c.?
R. 15 fr. 33 c.

Quel est l'intérêt de 59 fr. 00 c.
à raison de 8 fr. 00 c.?
R. 3 fr. 12 c.

Le tableau qui suit présente l'intérêt d'un an, divisé pour un mois, trois mois, quatre mois, etc.

n° 1. p. 1 an.	11 mois.	10 mois.	9 mois.	8 mois.	7 mois.	6 mois.	5 mois.	4 mois.	3 mois.	2 mois.	1 mois.	15 jours	pour 1 jour
1000 fr.	916,66	833,33	750,00	666,66	583,33	500,00	416,66	333,33	250,00	166,66	83,33	41,66	2,74,0
900	825,00	750,00	675,00	600,00	525,00	450,00	375,00	300,00	225,00	150,00	75,00	35,50	2,50,6
800	736,67	666,66	600,00	533,33	466,66	400,00	333,33	266,66	200,00	133,33	66,66	33,33	2,19,2
700	641,68	583,33	525,00	466,66	408,33	350,00	291,66	233,33	175,00	116,66	58,33	29,16	1,91,8
600	550,00	500,00	450,00	400,00	350,00	300,00	250,00	200,00	150,00	100,00	50,00	25,00	1,64,4
500	418,33	376,66	375,00	333,33	291,66	250,00	208,32	166,66	125,00	82,32	41,66	20,83	1,37,0
400	266,67	333,33	300,00	260,67	233,33	200,00	166,67	133,33	100,00	66,67	33,33	16,64	1,09,6
300	275,00	250,00	225,00	200,00	175,00	150,00	125,00	100,00	75,00	50,00	25,00	12,50	0,82,2
200	183,33	166,67	150,00	133,33	116,67	100,00	83,33	66,67	50,00	33,33	16,67	8,33	0,54,8
100	91,66	83,33	75,00	66,66	58,33	50,00	41,66	33,33	25,00	16,66	8,33	4,16	0,27,4
90	82,50	75,00	67,50	60,00	52,50	45,00	37,50	30,00	22,50	15,00	7,50	3,75	0,24,6
80	73,66	66,66	60,00	53,33	46,66	40,00	33,33	26,66	20,00	13,33	6,66	3,33	0,21,9
70	64,16	58,33	52,50	46,66	40,83	35,00	29,16	23,33	17,50	11,66	5,83	2,91	0,19,1
60	55,00	50,00	45,00	40,00	35,00	30,00	25,00	20,00	15,00	10,00	5,00	2,50	0,16,4
50	41,33	37,67	37,50	33,33	29,16	25,00	20,83	16,66	12,50	8,33	4,16	2,08	0,13,7
40	36,67	33,33	30,00	26,67	23,37	20,00	16,67	13,33	10,00	6,67	3,33	1,67	0,11,9
30	27,50	25,00	22,50	20,00	17,50	15,00	12,50	10,00	7,50	5,00	2,25	1,12	0,08,2
20	18,33	16,66	15,00	13,33	11,66	10,00	8,33	6,66	5,00	3,33	1,66	0,83	0,05,4
10	9,16	8,33	7,50	6,66	5,83	5,00	4,16	3,33	2,50	1,66	0,80	0,42	0,02,7
9	8,25	7,50	6,75	6,00	5,25	4,50	3,75	3,00	2,25	1,50	0,75	0,38	0,02,4
8	7,36	6,66	6,00	5,33	4,66	4,00	3,33	2,66	2,00	1,33	0,66	0,33	0,02,1
7	6,42	5,83	5,25	4,66	4,08	3,50	2,91	2,33	1,75	1,46	0,58	0,29	0,01,9
6	5,50	5,00	4,50	4,00	3,50	3,00	2,50	2,00	1,50	1,00	0,50	0,25	0,01,6
5	4,58	3,76	3,75	3,33	2,91	2,50	2,08	1,66	1,25	0,83	0,41	0,22	0,01,3
4	3,66	3,33	3,00	2,60	2,33	2,00	1,66	1,33	1,00	0,66	0,33	0,17	0,01,0
3	2,75	2,50	3,25	2,00	1,75	1,50	1,25	1,00	0,75	0,50	0,25	0,13	0,00,8
2	1,83	1,66	1,50	1,33	1,16	1,00	1,83	0,66	0,50	0,33	0,16	0,08	0,00,5
1	0,91	0,83	0,75	0,66	0,58	0,50	0,41	0,33	0,25	0,16	0,08	0,04	0,00,2

Le barème suivant, va de 1 à 1 jusqu'à 100. Les exemples que nous présentons, en démontreront facilement tout le mécanisme.

Combien 40 mètres de calicot, à raison de 93 cent.? Rép. 37 fr. 20 c. *Voir* le carré correspondant à 40 et 93 c., ou colonne 40, jusqu'à la ligne 93.

Vingt-trois personnes ont 16 fr. 55 c. à diviser entre elles ; combien pour chacune? Rép. 85 c.

Prendre la colonne 23, descendre jusqu'à ce que l'on trouve la somme demandée.

Le quotient se voit en face, 1re colonne à gauche, ligne 85.

Huit personnes ont 708 fr. à diviser entre elles ; combien pour chacune? Rép. 88 fr. 50 c.

Prendre la colonne 8, jusqu'au nombre 704 ; et pour les 4 fr. restants, cherchez encore le nombre 400 c. Les quotients sont en face à gauche, même colonne.

Si, pour 40 mètres de maçonnerie, il faut 160 sacs de plâtre ; combien pour 19 mètres? Rép. 76.

Prendre la ligne 40, jusqu'à ce qu'on trouve 160, et remonter la colonne jusqu'à la ligne 19.

Quel sera l'intérêt de 73 fr., à raison de 7 fr. p. ?0/0 Rép. 5 fr. 11 c. *Voir* la colonne 7, jusqu'à la ligne 73.

Ces exemples sont suffisans pour quiconque voudra se donner la peine d'étudier le mécanisme de ce barème.

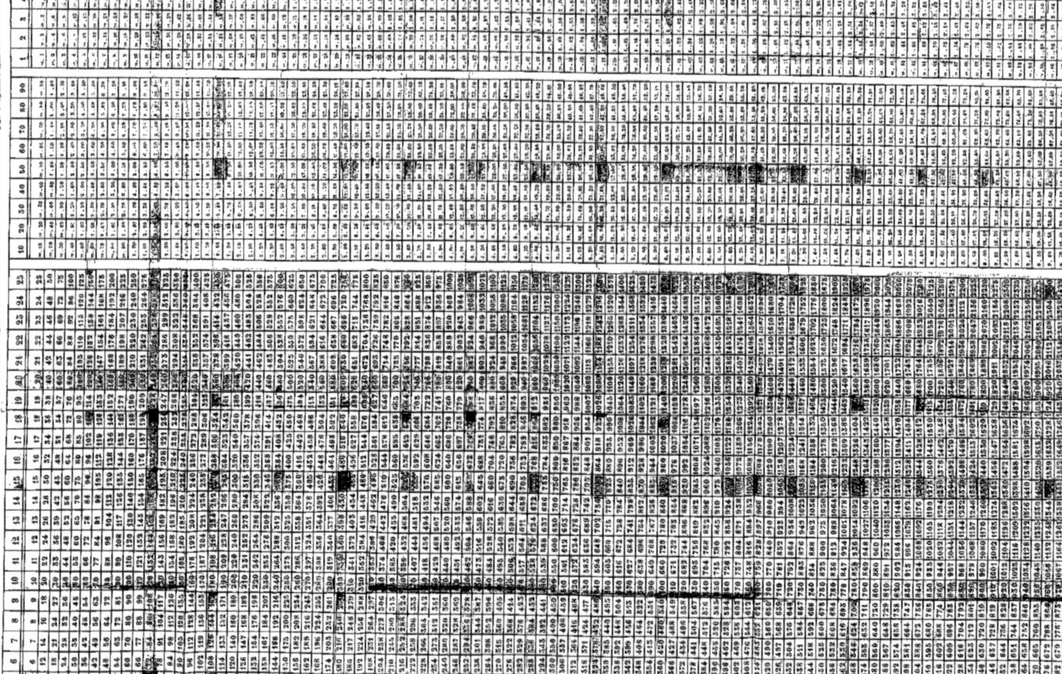